息子のトリセツ

黒川伊保子
Ihoko Kurokawa

はじめに

この本は、すべての「息子の母」である人に、読んでもらいたい。

そして、母を持つ男性たちにも、読んでほしい。


男たちの脳は、私たち女性とは違う質を持って生まれ、違う育ち方をする。

母親が、「男性脳学」を学ばずに、男の子を理解するのはなかなか難しい。

もちろん、そんなこと知らなくたって、愛と相性の良さで、たぶん乗り切れる。けど、知っていれば、子育ての楽しさは、きっと倍増する。


この本を読むのが息子の父である人なら、妻と息子の間に起こるストレスや、そのストレスを解き放ってあげる方法が見えてくる。

男子の器の大きさは、母親が決める。生まれたての息子につきっきりの母親が、息子の脳の「座標軸」を決めるからだ。

父が息子を、大きくたくましく育てようと思ったら、息子を鍛えるより前に、妻をおおらかにしてあげる必要がある。

「息子の父親」である人の、第一使命は妻のケア。遠回りのようだが、これは、唯一の近道である。

そして、息子を持たずとも、かつて息子だった、あるいは今も息子である、すべての男性にも、ぜひ読んでほしい。

母親とはいかなるものか。

この本は、息子の母である人へのメッセージとして書いていくが、それは、「女が、男性脳を育てることの難しさと尊さ」の証明でもある。

あなたの母が、あなたという宝物を手にして、どんなふうに迷い、どんなふうに道を拓《ひら》き、手をかけ心をかけて、日々を紡いでいったか。若き日の母親の歓びと戸惑いを、どうか、感じてあげてください。

そして、本の中に、自分が母親から十分にもらえなかった知識があったとしたら、母親を恨まないで、静かに習得しよう。あなたの子育ての時代には、この本がなかったのだから、許してあげてね。

さて、それでは、「母も惚れる男子」の育て方、とくとご覧あれ。

息子のトリセツ——目次

第二章　「生きる力」の育て方

第三章 「愛」の育て方

第四章　「やる気」の育て方

第五章　「エスコート力」の育て方

第一章　男性脳を学ぶ

ほとんどの男子は、「空間認知優先型の脳」で生まれてくる。もちろん、そうじゃないからといって不正解というわけじゃないけど、そうである男性が大多数であることは間違いがない。

対する女子は、ほとんどが、「コミュニケーション優先型の脳」である。

空間認知優先型とは、自然に「遠く」まで視線を走らせ、空間の距離を測ったり、ものの構造を認知する神経回路を優先する脳の使い方。

コミュニケーション優先型とは、自然に「近く」に集中して、目の前の人の表情や所作に反応する神経回路を優先する脳の使い方。

ヒトはどちらの使い方もできるが、とっさにどちらかを優先するかは、あらかじめ決められている。誰にも利き手があるように、誰の脳にも〝利き回路〟があるのである。命に関わるような「とっさ」のときに迷うと、危ないからだ。

ミニカーに夢中な男の子、「自分」に夢中な女の子

男の子は、1歳のうちから、必ずと言っていいほど、車や電車に夢中になる。
一方、女の子で、ミニカーの陳列棚にくぎ付けになっている子を、私は見たことがない。

2020年現在、「脳には性差はない」と言い放つのが、知識人の流行りなのだそうだ。そのほうが、知的で先進的に見えるからだと、ある研究者は言っていた。女性活躍推進を標榜する社会の要請でもある。

しかし、実際に子育てをしている母親にしてみれば、明らかに、男児と女児は違っている。性差がないと言われても、現実味がないのじゃないだろうか。

男の子だからミニカー、女の子だからキラキラ・アクセサリーと、親が決めつけて分けているわけじゃないのに、勝手に子どもたちの興味が分かれていくのである。ためしに、幼い息子に、きれいなアクセサリーセットを買ってあげたことがあったけど、1秒も注視しなかった。フォークリフトや消防車のおもちゃになら、転がるようにして飛びつき、一日中でも夢中なのに。

女の子は、人の気持ちを察する能力が高く、早いうちから、自分の笑顔の効力を十分に理解している。3~4歳でも、父親を巧みに操ることができる。よそのお子さんをはたから見ているだけでも、「女なんだなぁ」と感心してしまうことが多々ある。一方で、男の子で、笑顔や「肩をすくめる所作」を武器に使っている子は見たことがない。

男の子と女の子は、泣き方が違う。意地の張りどころが違い、機嫌の直しどころが違う。動きが違う。身に着けるものの好みが違う。個人差はもちろんあるが、子育てした母親たちなら、いくらでも「女の子あるある」と「男の子あるある」を挙げられる。

それを同じと見なす？　そんなきれいごとでは、現実の子育てはうまく行かない。

というわけで、あらためて、ここで、男女の脳が違っていることを宣言したいと思う。

男女の脳は違わない？

ただし、搭載された機能《スペック》は同じである。

男女共に、同じ脳を持って生まれてくる。男性にしかない器官とか、女性にしかない器官とかはない。男女共に、全機能搭載可能だ。

そういう意味では、「男女の脳は違わない」と言っていい。

しかし、脳は、どのような機能を搭載しているかより、「とっさにどの機能を選択するか」で性質が決まる。

スペックは男女同じ。しかし、「とっさに使う神経信号モデル」の選択が違う。それが、脳の作りだす性差である。


「男女の脳は違わない」と主張する学者は、「スペックの違いをもって、男女の脳の違いである」とし、「スペックに、個人差を超えた性差は見当たらない」としている。そりゃ、そうでしょう、スペックは違わない。同じ器官で構成された臓器なのだもの。

しかしなぜ、脳生理学の先生たちは、スペック（機能の取り揃え）で、男女の脳を比べることにしちゃったんだろう？

その前提が、そもそもの、大きな間違いなのに。

脳の仕事は「選択」

脳は、「常にフルスペックを使う装置」ではない。

脳には、天文学的な数の回路が入っていて、あらゆる事態に対応できる機能を取り揃えているが、そのすべてを、常に使う仕組みじゃないのである。

必要なときに、必要な回路にだけ、すばやく電気信号を流す。それが脳の仕事だ。


たとえば、「目の前を通りすぎた黒い影」が猫だとわかるためには、「ネコを認知する回路」にだけ電気信号が流れる必要がある。「ゾウを認知する回路」にも「ネズミを認知する回路」にも電気信号が走ってしまったら、「目の前の動物」が、なにやらわからず立ちすくむしかない。

必要なときに、必要な回路だけをすばやく選択できる。それこそが「頭がいい」とか「センスがいい」と言われる人の脳なのである。


――とっさに、どの回路を選ぶか。

これは、潜在意識下のイベントである。そして、明らかに性差がある。

もちろん、100%じゃない。脳は工業製品じゃないからね。しかし、多くの男性の選ぶ回路モデルと、多くの女性が選ぶ回路モデルがあり、生まれてすぐから、その兆候は見られる。

男女の脳は、スペックではなく、「とっさの無意識の選択」が違うのである。

「遠く」と「近く」の二者択一

脳には、同時にできないことが山ほどある。

同時にできないなら、「とっさに、どちらを使うか」をあらかじめ決めておかないと危ない。

「遠くを見る」と「近くを見る」は、二者択一である。

「遠く」と「近く」は、同時には見られない。近くも遠くも見ようとすると、全体をぼんやり見るしかない。広範囲に何かを探すときや、スポーツや射撃などの特殊な見極めの場面では、それもまた有効な手段なのだろうが、その状態では、直接的なアクションを起こすことは難しい。
というのも、遠くの目標を注視するときと、近くの愛しいものを見つめて心を寄せるときでは、まったく別の脳神経回路を使うのである。誰もがどちらも使えるが、誰も同時にはできない
脳内部の神経線維ネットワークを可視化した神経回路図を見ると、前者の使い方をするときは、脳の縦方向（おでこと後頭部を結ぶラインに沿って）が多く使われ、後者の使い方では、右脳と左脳をつなぐ横方向の信号が多発する。「電子回路基板」として見立てたら、明らかにまったく別の装置である。

この世には、とっさに「遠く」を選択する脳と、とっさに「近く」を選択する脳とがある。多くの男性が前者に、多くの女性が後者に初期設定されている。すなわち、「遠くの目標物に照準を合わせる」仕様と、「近くの愛しい者から意識をそらさない」仕様に。

理由は、明確でしょう？

男性脳は狩り仕様に、女性脳は子育て仕様に、初期設定されているのである。そのほうが、生存可能性が上がり、かつ、より多くの遺伝子を残せるからだ。

どちらが上とか下とかはない。どちらも、人類に不可欠な機能である。

男女は、同じ脳を持ちながら、とっさに「別の装置」としてカウンターバランスを取り合うペアなのである。

家族に危険が迫ったら、片方は、遠くの危険物に瞬時に照準が合って対処でき、もう片方は、目の前の大切なものから一瞬たりとも意識をそらさないで守り抜く。大切なものは、二つの機能が揃わないと守れない。

「とっさ」が違うからこそ、素晴らしい。

けれど、「とっさ」が違うので、イラっとしやすい。

男たちの「ぱなし」癖

とっさに、遠くの目標に潔くロックオンする男子たち。

だから、トイレに行くときは、トイレしか見えない。風呂に入るときは、風呂しか眼中にない。

目の前の汚れたコップをついでにキッチンに持っていこうとか、さっき脱ぎ捨てたシャツをついでに脱衣場に持っていこうとか、つゆほども気づかないのだ。結果、やりっぱなし、脱ぎっぱなし、置きっぱなしの「ぱなし」癖。いくら注意しても、同じことを繰り返す。

あれはやる気がないのではない。とっさに「遠く」を選択する脳の、麗しい才能なのである。このロックオン機能がついているから、男たちは狩りが上手いのだ。

ヒトが集中して注視できる範囲は、視界の中の「親指の爪ほど」の大きさと言われている。遠くの獲物を注視しているときは、当然、足元は見えないし、見ているわけにもいかない。だって、「あの獲物を狩ろう」と決めたのに、「足元のバラや苺」に気を取られていては、狩りはできないでしょう？

目標に潔くロックオンして、それを見失わない。視覚野のその癖は、思考の癖にも、話し方の癖にも反映される（このあたりは、のちに詳しく述べる）。

高い目的意識と客観性。その利点は、山ほどある。理系の教科は、このセンスがないと楽しめない。事業開発においても、この能力は高く評価される。つまり、できるビジネスパーソンの要件なのである。

もちろん、女性も、この使い方ができる。キャリアウーマンはもちろんのこと、デキる主婦は、この能力をめちゃくちゃ使っている。「残り物で手ばやく美味しい料理を作る」とか「絶妙の収納システムを考案し、いつでも部屋を整えておく」とか、ベテラン主婦たちが軽やかにやってみせるこれらの技は、脳の「遠く」と「近く」をすばやく交互に使わないとなしえないからだ。

実は、こういう家事タスクこそ、人工知能の最難関なのである。将棋の名人に勝つことより、凄腕主婦になるほうがずっと難しい。毎日、家に「足の踏み場がある」ことに、ほんと、もっと感謝してもらいたいものである。

欠点を消したら、長所は弱体化する

男たちは、「遠くを見る」能力で、荒野を駆け、森を開拓し、闘って家族を守り、子孫を残してきた。数学や物理学の新発見を重ね、橋を架け、ビルを建て、宇宙にも飛び立つ。

しかし「近くが手薄」なので、家の中では、優秀な男性脳ほど、役立たずな感じが漂う。

「ぼんやりしがちな、ぱなし男」に見えてしまうわけ。

脳が子育てモードにシフトして「一生で最も気が利く状態」になっている母脳としては、気になってしょうがない。いきおい、「こうしなさい」「早くしなさい」「ほらほら」「どうしてできないの！」と急《せ》き立てたくなってしまう。

とはいえ、「近くを注視して、先へ先へ気が利く」脳の使い方を強制すると、無邪気に「遠く」を見られなくなって、先に述べた長所「宇宙まで届く冒険心や開発力」は弱体化してしまうのである。

あちらを立てれば、こちらが立たず。これが、脳の正体＝感性領域の特性だ。欠点をゼロにしようとすると、長所が弱体化する。

息子の脳に、男性脳らしさを根づかせてやりたかったら、その弱点も呑《の》み込むしかない。

というわけで、まずは、息子の一生の「ぼんやり」と「ぱなし」を許そう。

息子のトリセツの、基本のキ。息子育ての法則の第一条と言ってもいい。

「息子のためにし多少はしつける」はあってもいいが、女性脳レベルを目指して、いきり立たないこと。しないのは、やる気がないのでも、思いやりがないからでも、人間性が低いのでもなく、できないからだと肝に銘じること。

ついでに、夫のそれも許すと、家庭生活は、かなり楽になる。男と暮らす。男を育てる。それは、「男性脳」の長所に惚れて、欠点を許すということなのである。

「娘育て」と「息子育て」はテーマが違う

息子はかわいい。娘ももちろんかわいいが、そのかわいさの種類が違う、とよく言われる。

息子が胸に染み入るように愛しいのは、男の子の自我の確立が、女の子のそれより、ずっと遅いからだ。

女の子は、「自分」があって、それを巧みに表現してくる。

男の子は、「自分」よりも「対象」に夢中になる傾向が強くて、自分そっちのけで、まずは「母親」に夢中になる。やがて、おもちゃやスポーツ、宇宙にまで夢中の範囲を広げていくが、思春期に本格的に自我を確立するまでは、「母親に夢中」はその脳の根底にある。つまり、人生の初期、男性脳は、その「自我」を母親に丸投げにしているのだ。だから、母にはたまらないのである。その「まるごとの愛」が。母親なしでは生きて行けない感じが。

多くの女性は、「近くを満遍《まんべん》なく見て、愛しいものに心を寄せる」才能を持って生まれて、やがて客観性を身につけ、デキる女になっていく。

幼いうちは、「愛しいもの」の最たるものが「自分」である。女の子は、早いうちから「自分」を愛し、「自分」と周囲がどう関わっているかを細かく観察している。

あやせば、よく笑うし、おとなの目を見上げて、愛らしいしぐさも見せてくれる。ぬいぐるみを抱きしめながら、「自分」の腕や胸に当たるやわらかい圧で、自分の存在を確かめてもいる。その「自己愛」のしぐさが、パパをメロメロにしちゃうわけ。

幼子には母親との強い一体感があるから、自分と同じように母親を愛する。本当によく観察していて、母親が自分で気づく前に、「ママ、太ったよね」なんて言ってくる。小さな手で、何でも手伝おうとしてくれる。当然、うまく行かずに、ひっくり返したり、段取りを台無しにしたりして、叱《しか》られることになるのだが、あれは、「いたずら」でも「余計なこと」でもなく、愛なのだ。

女の子は、やがて、自分より愛する誰かや何かに出逢い、人間関係で痛い思いをしたり、読書やときには学問によって、自我がほどよくリストラされ、おとなになっていく。

娘を育てるということは、この「自我のリストラ」を助けることであって、猫かわいがりすることじゃない。そこんとこ、わかってない平成パパ、令和パパが多いような気がする。

というわけで、娘をお育ての諸兄（私にしてみれば諸弟か）は、『娘のトリセツ』（小学館新書）を、ぜひ、お読みください。

自我のリストラ（刈り込み）が、女がおとなになるためのテーマだとしたら、男のそれは真逆、自我の確立である。

多くの男性は、「遠くを俯瞰《ふかん》して、全体を見極め、ものの構造を察知する」才能（客観性）を持って生まれ、やがて自分の思い（主観）に出逢って、愛する人を守り抜くおとなの男になっていく。

つまり、おとなになるとは、男女共に、主観も客観も手に入れるということだ。
「素敵なおとな」は、男であろうと女であろうと、「遠く」（客観）と「近く」（主観）をバランスよく使い、責任感のある果敢な戦士でありながら、愛のことばや慈しみの所作を惜しまない。

第三次韓流ブームを巻き起こした『愛の不時着』のイケメン特殊部隊兵士リ・ジョンヒョクのように。高い戦略力と経済力で、そのリ・ジョンヒョクとの愛を守り抜いた、女実業家ユン・セリのように。

世の中の人が全員、そんなおとなになってしまえば、「脳に男女差なんてない」と言い切ってもかまわない。

しかし、おとなになり切ってしまうまでの脳は、一緒にはできない。成長の方向性が真逆だからだ。

娘育てと、息子育ては、テーマが違うのである。

すべての男が、男性脳型というわけじゃない

ただし、男子の中にも、「近くを満遍なく見て、愛しいものに心を寄せる」才能を持って生まれてくるタイプもいる。

これは、神様の間違いではない。太古の昔から、一定の割合で生まれてくるので、神様の「想定内」なのである。


自我を生み出し、目の前の人に心を寄せる機能は、右脳と左脳の連携信号によって担保されている。右脳は感じる領域、左脳は顕在意識と直結し、ことばを紡ぎ出す領域。感じたことをことばにしたり、「他者の表情や所作」から、その気持ちを察するときに、右左脳連携信号が使われる。つまり、女性は、生まれつき、右左脳連携信号を優先して使う傾向が強いってことだ。

右左脳連携は、脳梁《のうりょう》という器官が担当している。脳の中央にあって、右脳と左脳を横につなぐ神経線維の束だ。ここが、女性は男性より太く生まれついてくる。たくさんの信号を、すばやく通せるように。

太さの度合い（%）については、論文によっていろいろである。10%という人もいれば、数パーセントという人もいる。被験者の選び方や、数値処理の仕方によって、当然、ばらつきはあるだろう。しかし、「女性脳は、男性脳に比べて太めである」という所見は無視できない。実際に、脳外科の医師が、「実感として、男女差はある」と言っているし、人工知能に、男女の脳の画像を見せて学習させると、未知の画像を見せられても、ほぼ間違いなく男女を判定するという実験データもある。

その脳梁が、女性脳並みに太く生まれついてくる男子がいるのである。

実は、男性の脳梁は、最初から細いのではなく、お母さんの胎内で細くなる。最初は女性と同じ太さなのだが、妊娠28週を過ぎると、母親の胎盤から供給される男性ホルモンの影響で細くなっていくのである。このため、妊娠のコンディションや、母と子の体質の組合せによっては、細くなり切らないで生まれてくる男児もいて当然なのだ。

脳梁が太く生まれつけば、自然に主観優先で人生を始めることになる。普通の男の子とは、違った道のりを行くことになる。おとなになっても、他の男とは、一味違った答えを出せる。

男性の身体を持ち、男性ホルモンの影響を受けながら、脳が主観優先で動く。このタイプの脳は、高い美意識を持つ、直感型の天才として活躍するケースが多い。つまり、「脳梁太めの男子が、ときに生まれてくる」のは、戦う武骨な男たちの中に、ときに美意識が高い直感型の天才を生み出すための、自然界の摂理、神様の「想定内」なのだ。

美意識の高い天才たちの脳

当然、アーティスト、デザイナー、音楽家、新進気鋭の実業家などに、このタイプは多いはずである。

スティーブ・ジョブズは、その言動から、このタイプだと推察する。伝説の一体型コンピュータを作り出し（彼がそれを実現するまで、コンピュータは、モニター・演算装置・記憶装置がばらばらの大きくて醜い装置だった）、「パーソナルコンピュータ」という領域を拓いた、言わずと知れたアップルの創始者である。

相対性理論で「宇宙」を変えたA・アインシュタイン博士は、76歳で亡くなったとき、脳が解剖されているのだが、彼の脳梁は、30代男子の平均より、約10％も太かったという。

究極の主観と客観を持ち合わせているこの脳だからこそ、宇宙をひっくり返すような大発見をしたのに違いない。

ココ・シャネルの死後、シャネルブランドをさらなる隆盛に導いたカリスマ・デザイナー、カール・ラガーフェルドも、その言動や作品から勘案するに、脳が主観型に初期化されていたタイプであろう。

ゲイは、「正しい振る舞い」の一つ

スティーブ・ジョブズは愛妻家で知られ、アインシュタイン博士は「女たらし」の評判を持つ。博士は、愛妻家でも有名だったが、ラブアフェアもあったようで、残された最後の妻が、博士の女性たちへのラブレターを公開したとか。

つまり、男性が主観優先の脳で生まれてきても、即、同性愛というわけではない。しかし、ときには、自分にない感性を求めて、男性を愛することがあっても、なんら不思議ではない。カール・ラガーフェルドは、ゲイであることを隠さなかった。

「遠く」を見るか、「近く」を見るか。「客観」を優先するか、「主観」を優先するか。

こういう脳の「とっさの神経信号」特性は、所作にも、ことばにも、思考のスタイルにも、ものの好き嫌いにも、大きく影響している。

主観優先の男子の中には、女性のように振る舞い、女性のように生きたほうが、「脳がしっくりくる」という人もいるだろう。ときには、男性を愛する人もいるに違いない。

ゲイは、長いこと、人類の禁忌とされてきたが、とんでもない。脳としては、「正しい」振る舞いだったのである。

息子が「女性脳型」だと感じたら

というわけで、息子を育てる以上、「主観優先の男子」や「女性のような恰好や振る舞いをしたがる男子」や「男子の恋人を連れてくる男子」である可能性は、けっしてゼロではない。何度も言うけど、人類の想定内なのだから。

この本では、これ以降、「心（脳の使い方）が男子」に話を集約していくが、もしも、息子さんのケースと合わないなと思ったら、どうか『娘のトリセツ』もお読みください。

何度も言うけど、主観優先の男子は、「美意識の高い、天才型」。宝物を手に入れたようなものだ。無理に男らしくさせようとせず、娘育てのように、自我をうまくリストラしてやりながら、素敵なアーティストや実業家に育てていけばいい。

すべての「主観優先男子」が同性愛趣向になるわけじゃないが、もしも、息子がそうであったら、おおらかに認めて、社会の逆風を親子で笑い飛ばせばいい。


子孫繁栄？　それって、もう人類の使命ではないのでは？

ここ40年で、人類の人口は倍増した。私が大学で習ったときの世界人口は40億ちょっと。現在、世界人口は80億に迫っている。自分の人生を、自分と社会のためだけに使って、全《まっと》うしていく人がもっと増えても、全然大丈夫だ。

異性同士の夫婦であっても、子どもを持つか、ふたりの人生を楽しみ尽くすか、それを選択していいと思う。異性と結婚→結婚したら子ども。そんな世間の常識にとらわれることは、今の地球にはそぐわない。

息子が選んだ道を、何であれ認めてあげられる余裕が、今の地球にはある。

息子育ては、めくるめくエンターテインメント

もちろん、子どもを持つ道を選んだ人には、心からの祝福を贈る。

私は、息子の母になれたことを心から楽しんだし、彼は、私の誇りでもある。たくましく、思慮深く、このうえなく優しい。

およめちゃんが今『愛の不時着』を観ているのだが、夕べ、こんなことを言っていた。

「ユン・セリになって、リ・ジョンヒョクに愛された～いっ、って思ったんだけど、ふと、目をあげたら、そこにダンナがいて、なんだ、うちにいたじゃん、ってなった。っていうか、むしろ、うちのほうが上。私は、ラッキーすぎる」

およめちゃんの賞讃は、私の勲章である。

息子の将来のパートナーのために、男女脳論を駆使して育て上げたんだもの。思う存分、楽しんで～、ってな感じだ。

ああ、2歳の彼に、4歳の彼に、8歳の彼に、14歳の彼に、20歳の彼に、もう一度会いたい。ときどきの愛らしさと、ときどきの驚きと、ずっと変わらず母に寄せられる一途な

愛と。男子を育てることは、めくるめくエンターテインメントだった。

これから、それぞれの年代の息子に出逢える、若い母たちが、羨《うらや》ましくてたまらない。

そして、どの母たちも、息子を持った誇りと歓びを味わえているといいなぁと、心から思う。

女が「男性脳」を育てることは、新発見の積み重ねであり、「この世の、もう半分の感性」を手に入れる、素晴らしい冒険である。

しかし、冒険ファンタジーの例に漏れず、そこには、戸惑いと焦燥と挫折がある。魔法使いのおばあさんが出てきて、ちょっと手伝ってくれないと、ちょっと厳しい。

だから、この本、である。


さて、では、話を元に戻そう。

ここからは、「男性脳」（客観優先で生まれてきた子）の話に照準を絞る。

男の子が車や電車を愛する理由

男の子たちは、「遠く」優先の脳で生まれてくる。

これは、空間認知力を優先して使う、ということに他ならない。奥行き認知が得意で、距離感をつかんだり、ものの構造を見抜く力が、驚くほど早く発達するのだ。狩りに必須の能力であり、理系力の源である。

脳は得意なことをしたがるようにできている。だから、距離を測ったり、構造を確かめて遊ぶのである。男の子たちが車や電車が好きなのは、このためだ。あの艶のあるマテリアル（素材感）は、遠くから見ても目立つし、光の反射具合でかたちや構造が見ただけでも理解しやすい。仕掛け満載で、動かすことができるしね。

息子が、初めて消防車のおもちゃを手にしたときのようすは、今でも忘れられない。鉄が磁石に吸い寄せられるようにくぎ付け。男性脳判定リトマス試験紙（微笑）。

私たち女性には、何が嬉しいのか皆目わからない「はたらくくるま」（女の子なんて、たいていチラ見して終わり）だが、こういう、かたちや構造が目で見てわかるものが、やや離れたところにあると、男子はがぜん興奮する。そこまで這《は》って行って、その存在を確かめる。そのことが、空間認知力の高さを生み、好奇心を育む。

だから、男の子を育てるときは、部屋は多少散らかっていたほうがいいのである。あっちに消防車、こっちにフォークリフトという具合に。母親が、3つ目のおもちゃ出すなら、一つしまおうね、なんて始末のいいことをしていると、男の子は大きな男に育たないかも。

〝散らかし放題〟が、男子の最高の英才教育である。部屋が散らかっているのを、人にとやかく言われても、「息子を天才にするため」と微笑んでおけばいい。

おじいちゃんという立役者

我が家の息子は、やがて自動車業界に就職するほど、無類の車好きだった。

あるとき、出張先で、とても素敵な木彫りの車を見つけたので、買って帰ったことがある。美しいフォルムのなめらかな造形物で、けっこう値段も張った。

彼の満面の笑みを期待して、わくわくしながら渡したのに、彼は、心底がっかりした顔で、触りもしなかった。「ママ、知らなかったの？　おいらが好きなのは、キコウなんだよ」と彼は言った。

「キコウ？」「そう、開いたり、回ったり、持ち上がったりする……」「ああ、機構ね」

彼の幼い脳が、あまりにも男性脳型であることに虚を突かれて、そのことばを誰から教わったのか聞くのを忘れてしまった。おそらく、彼の祖父たちのどちらかが仕込んだのだと思う。私の父は、戦後、国際政治学を学んで社会科の教師になったが、戦争で学歴が中断するまでは理系の学生である。黒川の父は、腕のいい職人だった。どちらにも、このことばを使うセンスがある。

成長した今となっては、誰に教わったか、息子も思い出せないそうだ。しかし、彼は、「たしかに、早くからそのことばを知ってたね。ものごころついたときには、機構好きだったし」と証言している。

理系女子の私であっても、その感覚は鮮烈であった。男子の脳は、女の想像を超えたところで、密《ひそ》かに成長しているらしい。祖父や父の役割は、案外大きい。「おとなの男」たちとの時間を、心がけて増やしてやろう。

外の「おとなの男」に出逢うのも、いいものである。

息子は、小学校低学年のとき、近所の碁会所に通っていた。そこに集うおじいちゃんたちが幼い入門者をとても喜んでくれて、かわるがわる彼の相手をしてくれたのだが、初めて対局してくれた方の言ったことばが、私は忘れられない。

いきなり石を渡されて、茫然《ぼうぜん》とする息子に、穏やかな声でこう言ったのだ。「さて、ぼうや。これ（盤）は、世界だ。きみは、これから世界を征服するんだよ。その最初の一歩をどこへ置く？」

息子は、瞳を煌《きらめ》かせて、最初の一石を置いた。

彼が、囲碁のプロになったのなら、これは美しい伝説の一ページになっただろうが、世の中、そう甘くない。彼の才能は、ここにはなかった。

けれど、そこでもらった、男たちの哲学は、きっと彼の脳の大事な一部になっただろうし、何よりも年上男性との付き合い方が上手いのは、この碁会所のおかげだ。彼は今でも、年上の男たちの哲学や蘊蓄《うんちく》を、上手に聞いて自分の糧《かて》にしているし、先方からもかわいがってもらっている。他社の支援なしには動けない零細企業の役員としては、ビジネス上の大きなアドバンテージである。

そういえば、近所の魚屋さんには、よく、魚の話をしてもらってたっけ。ある時、私がスーパーで刺身を買おうとしたら、息子に「刺身はあそこで買おうよ。だって、あそこのご主人が、嘘をついたり、半端仕事すると思う？」と言ってたっけ。

文脈がわからなかったけど、たぶん、「あのおじさんが仕入れて、切った刺身を安心して食べたい」ということだったのだろう。

男には、男の信頼関係がある。

彼が育ったのは、東京は蔵前《くらまえ》・三筋《みすじ》界隈。浅草と日本橋の間に位置し、スカイツリーもよく見える。ここは、昔から帽子やバッグなどの小物問屋が多く、職人も多く住む、素敵な下町だ。たくさんのおとなの男たちに囲まれて、息子は、とても恵まれていたと思う。

女親は、息子とよその男性との交流に無頓着《むとんちゃく》になりがちだけど、機会があれば、逃さずに、ぜひ。

基地、工房、聖地

男の子には、「ずっとキープする遊び空間」を与えてやりたい。何か月もかけて、ブロックや積み木を〝作っては壊し〟できる「工房」と呼んでもいい空間である。

我が家の息子は一人っ子なのだが、二段ベッドを与えて、その下の段を彼の「ブロック工房」にした。保育園の親友と夢中になって仮想の宇宙基地を作り、とうとう上の段まで使いだし、最後は部屋中に及んだ。寝る場所がなくなって、私の布団で寝ていたっけ。

先日、テレビを観ていたら、おとな顔負けの発明少年の母親が同じことを言っていた。発想力を育てたのは、「片づけないでいい部屋」だと。そのお宅では、10畳くらいの空間が、彼のブロック工房になっていた。本人は、「作っては壊す、作っては壊すを繰り返すうちに、いろんなことが閃《ひらめ》くようになった」と言っていた。

脳にとって重要なのは、「想像」と「実行」を交互に繰り返すこと。「保育園や学校に行っているときに、その空間を思い起こし、帰ったら、ああしてみようこうしてみようと妄想する」→「帰ったら、実際にやってみる」、この繰り返しが、脳に抜群の創造力を作り出す。

我が家の息子は、30近くなった今でも、それをやっている。日光・足尾《あしお》に森を買って、そこに高校時代からの親友と、山の家を建設中なのだ。図面を引いて、資材を調達し、休日にいそいそと森へ向かう。二段ベッドに宇宙基地を作っていたときと、寸分変わらぬ瞳の輝きで。

男性脳は、いくつになっても、基地や工房、ガレージ、あるいは海や山などの「心の聖地」を持つことで、創造力を伸ばすことができる。それが明日の事業開発力になることも。おとなの男たちの外遊びにも、寛大でいてあげてほしい。

息子と出逢って、私の人生は、本当に豊かになった。森へ連れて行って、抱き上げてハンモックに乗せてくれたり、私のぬか床のために、森の中から山椒の実をつんできてくれたり。そんな人生、想像もしなかった。


「他人が触らない、ずっとキープできる場所」があると、男の子の空間認知力はぐんとあがる。情緒も安定し、集中力もついてくる。

特に姉がいる弟の場合は、姉にかまい倒されてしまうことがあるので（彼女はよかれと思ってしてくれているのだが）、「この中にあるおもちゃは、誰も触らない」聖地があるといい。聖地の確保は、はいはいし始めたころから。できれば1畳、無理ならたとえ半畳でも、きっと効果がある。

いのち丸投げ

「近く」優先の女の子は、お気に入りのぬいぐるみやおもちゃを与えておけば、比較的動かないでいてくれるし、話しかけや笑いかけに反応するので、あやす甲斐《かい》がある。

男の子は、ガサガサ動くうえに、遠くの何かに気を取られて、コミュニケーションがいまいち取りにくい。

このため、男の子を「がさつで乱暴」と表現するママも多いのだが、「空間認知力（ひいては学力や創造力）を育てている」のだとわかったら、ちょっとは好意的に見られないだろうか。

しかも、この「遠く」優先脳のせいで、母親の愛を希求する度合いで言ったら、男の子のほうがずっと深くて、鮮烈なのだから。

なにせ、「遠く」認知に夢中で、「近く」のことは、まるごとすべて母親に依存している男の子たちである。いわば、いのちを母親に丸投げにして、遠くのおもちゃや、車や電車に夢中になっているのだ。

女の子は、早くから母親をつぶさに観察して、口が利けるようになると、母親の評価や批判さえしてくる。それに比べて、男の子は、思春期になるまでは母親一筋。息子の母たちは、それを実感で知っている。

だから、息子は、本当にかわいい。幼児期の息子たちは、純愛で結ばれた、小さな恋人のよう。違いますか？

母親は「原点」である

昔、幼かった息子を公園で遊ばせていたとき、同じような年頃の男児を抱えるお母さんから、「おたくの坊やはいいですね、元気に走り回って。うちの子、私から、ぜんぜん離れてくれなくて」と声をかけられたことがあった。

実は、私は、その数分前から、その親子に気づいていた。母親は、息子を遠ざけようと必死なのに、彼のほうは、少し離れても、すぐに母親の元に駆け寄ってしまう。

理由は明白である。母親が、無駄に動くからだ。息子が手を離したすきに、すっと後ろに下がる。自分から離れてほしいからだろう。顔の表情も不安そうにゆらいでいる。

「お母さんは、動かないで。表情も、ゆったりと微笑んだまま、変えないでね」と私はアドバイスした。「男の子は、母親を原点にして、そこからの距離を測りながら、世界を広げていくの。原点がふらふらしたら、距離感が狂って、不安で動けないわ」

少し時間がかかったが、穏やかに立つ母から少しずつ離れて、坊やは、ちゃんと走り回れるようになった。

公園で、母の手を離れるその瞬間。幼い脳にとっては、世界へ乗りだしていくのと変わらない。人生最初の冒険なのだ。

その大冒険は、母をふり返りふり返り、変わらずそこにいることを確かめながら始まるのである。幼い男性脳は、母親との距離を測りながら、世界を広げていく。脳の仮想空間の座標軸を、母親を起点に作っていくのである。母は、「原点」なのだ。

「関東平野走ってるときに、頭飛び越えて、北海道に出張するの、やめてもらえない?」と不満顔をしたのは、19歳の息子である。

息子がバイクで遠出した日のこと。その朝、「いってらっしゃい」と送り出した私は、その後、スーツに着替えて札幌に出張。夕方には戻ってきて、息子を「おかえりなさい」

と迎えた。

　何の問題もなかったはずなのに、息子が不満を表明したのは、15時ごろに私が送った「今、北海道の千歳空港。豪華海鮮弁当を買ったよ。お楽しみに」というメールだった。

　息子いわく――バイクで遠出をするときは、家を座標原点にして、そこからの概念距離を脳の中で常に測っているんだよ。その象徴が、ハハとにゃあ（愛猫）なわけ。ふたりが家でごろごろしている姿を想像しながら、「ああ、遠くまで来たなぁ」とか、距離感を確かめているんだ。それが、いきなり北海道⁉　やめてよ〜、混乱するだろうよ。そこから道に迷って、散々だった。

「え、なに？　あなたの脳には、概念空間の座標原点があるわけ⁉」と驚いたら、「何を今さら。男性脳の研究してるんでしょ」と一蹴されてしまった。


　母は、穏やかな表情で、ゆるぎない原点にならなければならない。

　どんなにイラついていても、腹が立っていても、落ち込んでいても、とりあえず、「いってらっしゃい」と「おかえりなさい」だけは、永遠に変わらぬ穏やかな笑顔で。

　原点が揺るがないと、男性脳は強い。安心して、外の世界に立ち向かえる。好奇心と集中力で、さまざまな感性を獲得していくのである。

夫にも、同じようにしてあげたい。結婚した男たちは、妻を原点として生きて行くのだから。

とはいえ、実家の母たちが、心の原点であることは変わらない。生きている限り、「ここに、あなたの原点が、ゆるがぬ確かさで存在すること」を、私は知らせたい。男の母である私たちの、最後の責務ではないだろうか。

甘やかして何が悪い

甘やかしたら、自立できない子になる、と言う人が多いのだが、本当だろうか。

原点である母親は穏やかにして優しい存在であるほうが、男性脳は安定する。思いっきり甘やかしたほうが、躊躇《ちゅうちょ》なく冒険の旅に出られるはずだ。

そもそも、庇護《ひご》者から離れて、自分の天地を探し出したいという本能は、「遠くに意識が行く」男性脳に生まれつき備わっているものだ。ここに、思春期から分泌する男性ホルモン・テストステロンの闘争心効果が加わって、彼らは荒野や荒海に乗り出していかずにはいられない。

男子の自立心や冒険心は、本能である。厳しく育てたから確立するというものじゃないし、穏やかな家庭生活や、甘やかな母子関係で減衰するもんなんかじゃない。逆に、突き放せば不安を残し、自立できなくなってしまう可能性もある。公園で幼い息子を突き放そうとした母と同じ結果になってしまうわけだ。

ちなみに、後でくわしく述べるが、「失敗を恐れて、細かく口を出し、手を出す」「小言と指図と、塾と、習い事でかまいたおす」のは、男性脳をつぶす。つまり、甘やかすことと過保護は、まったく違うことなのである。

というわけで、私は、脳科学上のこの所見を根拠に、思いっきり息子を甘やかした。基本、彼が望むことにNOとは言わない。たとえ実現できなくても、気持ちだけは汲んでやる。高校生になっても、靴下をはかせてやるくらいの甘やかし方だった。

母乳は、気がすむまで

母乳も、私か彼のどちらかが嫌になるまであげようと心に決めていたので、結局4歳になるまで「おっぱい」は続いた。4歳を2～3か月過ぎたころ、彼がこう言った。「ママ、たいへん。ママのおっぱいだと思ってたの、おいらのつばだったよ」

二人で大笑いして、それが、彼の卒乳だった。なんとも幸せな卒乳である。4歳の誕生日頃までは私自身もお乳を確認していて、吸われれば出るもんなんだなぁと感心していたのだが、いくらなんでも永久には出ないのね。

母乳の授乳期間に関しては、時代によって見解が違う。私が息子を産んだ1990年代は、1歳までに卒乳させることが正しいとされていた。「1歳を越えて母乳を飲ませると、犯罪者になる可能性が上がる」とさえ言われ、卒乳が遅れた母親は、まさに犯罪者扱いだった。歯並びも悪くなると。

私は、いくつかの母乳学の本を読んで、「母乳は、母親が嫌になるか、子どもが飽きたときに自然にやめればいい」という結論に達した。同居していた義母も、「そういえば、昔から末っ子なんて、おっぱいが長かったわね。小学校から帰ってランドセルを背負ったまま、母親のおっぱいを吸ってた子もいた。それが、そんな子ほど、出世するのよ」

かくして、息子は、ものごころつくまでおっぱいを吸っていたわけだけれど、歯並びは完璧。今のところ、犯罪者になる気配はない。

母と子の組合せによって、たぶん、理想の授乳期間は違う。私たちの4年も、ちょっと突出した長さなので、参考にはならない。ただ、世間の「理想」に惑わされないで、ふたりの答えを探ってみてほしい。

最近では、逆に、母乳礼賛が主流と聞く。「長期間、離乳食を与えず、母乳だけで育てる授乳法」を試みて、赤ちゃんが栄養失調と言われた知人もいる。もちろん、母乳は素晴らしいと思うが、ママの食習慣や消化力によっては、母乳の栄養価が低いことがある。栄養素が足りなければ、当然、成長がままならない。どの臓器よりも栄養を必要としている脳の成長にも影響がある。皮膚のターンオーバーの材料が足りないので皮膚の表面が荒れてアトピー風になってきたりすることも。「授乳は○年間」のような数字にこだわらず、子どものようすを見ながら、自分で決めよう。

息子が家を出た日

存分に甘やかし、蜜月のようなラブラブの19年を過ごしたあげく、息子は、あっさりと自立した。

大学は、家からバイクで2時間の距離にあり、一年生の一学期はバイクで通学していたのだが、さすがに6月の雨と7月の日差しには疲れ果てたようだ。こりゃ下宿しなければ無理だねということになり、家族3人で物件を捜しあて、「今週末に引っ越しね」なんて言っていた火曜日。いきなり「明日から、下宿で暮らすね」と言いだしたのだ。

私は、不意をくらって動揺し、めまいがして椅子にへたり込んでしまった。

彼は家を出ていくのだ。

彼は、ただ下宿に泊りに行くつもりかもしれないが、それは違う。彼は、きっと就職しても家に帰らない。やがて妻と共に新しい家庭を作るのだ。これは巣立ち。もう二度と、私と息子と夫、という、ほんわかした三食パンみたいな暮らしは戻らない。

それは、31年前、私が家を出たときと同じ風景だった。栃木の実家から、奈良の大学へ入った私は、ただ、奈良に長く泊りに行くだけだと思っていた。しかし、19歳の旅立ちは、後から考えると、巣立ちに他ならなかった。もう二度と実家で腰を落ち着けることはなく、そこは私の家ではなくなった。父はそれを知っていたのだと思う。旅立ちの前夜、静かに、「惜別の歌」を歌ってくれた。

私は、「でも、まだ何も準備できてないよ」と食い下がってみた。水曜日が土曜日になったからと言って、たいして何も変わらないのに。「いや、寝袋とタオルと石鹸さえあれば、人は暮らせる」と息子は笑った。

翌朝、息子は本当に、寝袋で石鹸とタオルと、歯ブラシとTシャツとパンツをくるりと巻いて、バイクの後ろに積んで出て行ってしまった。

週末、ようすを見に行ったら、石鹸で、髪も身体も食器も洗って、清潔に暮らしていた。もちろん、後に布団やその他の家財道具も取り揃えたが、なにせシンプルなのが彼の暮らし方。料理は、ちょっとしたビストロのシェフ並みに得意なので、鋳鉄《ちゅうてつ》のフライパンや行平《ゆきひら》鍋を要領よく揃えて、完全自炊である。米も炊飯器に頼らず、鍋で炊く。

鮮やかな、巣立ちである。

甘やかしたほうが男性脳は冒険の旅に出やすい、と予測した私。とはいえ、仮に甘やかしたあげく、親離れしないのなら、それもいいなぁと密かに思っていた息子ラブの私だったが、脳科学上の見地のほうが正しかった。

第二章　「生きる力」の育て方

男性脳は、母親を、脳の座標軸原点にして、その世界観を広げていく。

原点である母は、おおらかに、穏やかにそこにいればいい。甘やかしていい。前章で、そう述べた。

とはいえ、息子に「忍耐力」をあげなくていいのか、という疑問は残ると思う。少しは厳しくしておいたほうが、タフになれるのでは、と。


たしかにそう。

家でのほほんとしていると、世間もそうかと思い込んでしまう。それでは、世間の理不尽さに容易に負けてしまう。

そこで私は、自分が厳しくする代わりに、「冒険ファンタジー」を使った。冒険ファンタジーは、男の子の脳に、「世間」と「理不尽」と「忍耐」を教えてくれる。「使命感」を呼び起こしてくれる。

甘やかす一方で、自立して生きて行く力もちゃっかり育てておかないとね。

というわけで、この章では、息子の脳に、「生きる力」を与える方法について述べようと思う。

やるかやらないかは、母親が決めていい

本題に入る前に、ひとつだけ。

ここからは、この章に限らず、私が、脳の認知構造に照らして、息子の脳の成長の各段階で実行してきたこと、私の息子に関して言えば成功したことについて、お話ししていく。

とはいえ、私は教育学の専門家ではないので、この世のすべての脳に対して有効という保証はできない。

私がオススメすることについては、ぜひ試してみてほしいが、それを続けることについては、母親である人が「気持ちいい」かどうかで決めてほしい。理にかなってる、気持ちいいと思えば、続ければいい。

子どもの脳は、母親の脳と連動している。特に3歳までは、母親の感情までもを、そのまま映しとるようにして生きているくらいだ。母親が悲しければ、無条件に悲しい。母親がイラつけば、子どももイラつく。母親が気持ちよければ、子どもも気持ちいい。

したがって、「子どもの脳にとって、何が必要か」は、母親が決めていいのである。母親が「やってられないわ」と思ったことは、やらなくていい。

自我の確立が遅れる男性脳は、13歳ごろの男性ホルモン・テストステロンの分泌期突入までは、母親を脳の「座標軸原点」にして生きている。

すなわち、声変りするまでは、息子の脳と母の脳は、一心同体。母親がしっくりこないことは、きっと息子にもしっくりこない。自分の気持ちに、相談してみて。

子育てに後悔は要らない

すでに、ある程度の年齢の息子さんをお育てで、アドバイスが「間に合わなかった」という読者の方もいると思う。

でも、後悔しなくていい。たとえば、愛のことばは、いつから始めても効果がある。50歳の息子の心さえ動かせる。人生のある時点でもらった愛のことばがきっかけになって、今までかけてもらった愛を、脳が走馬灯のように再確認するのである。

そもそも、子育てに愛がなかったはずがない。人間の子は、愛情がなければ育たない。そのことは、母親であるあなたが一番よく知っているはずだ。命がけで子どもを生み出して、そのぼろぼろの身体で、よく眠りもせず、血液（母乳）を与え続ける。新生児を、首が座る赤ちゃんまで育てるだけでも、並大抵のことじゃない。

子育てに、後悔は要《い》らない。

ここからのページは、「してあげられなかった」という気持ちでは、絶対に読まないでほしい。終わった年齢のことは、「は～ん、この手があったか。なるほどね」くらいの気持ちでスルーしよう。

8歳までに獲得する能力がある

「生きる力」の基盤は、8歳までに作られる。

あらゆるセンス（運動、国語力、理系力、芸術、コミュニケーション）と創造力を担う小脳が、8歳までに、その機能を取り揃えるためだ。

8歳は、小脳の発達臨界期と言われる。発達臨界期とは、「そこまでに機能がおおかた取り揃い、以後、新しい機能が増やしにくくなる」限界点のこと。

小脳は、空間認知と運動制御を司る潜在意識下の器官だ。

たとえば「歩く」は、小脳の支配下にある。私たちは、下半身の幾多の関節をバランスよく連動させながら、目の前に現れた地面の傾斜や摩擦を予想しつつ、その日履《は》いている靴や靴下の様相も加味して、いとも軽やかに二足歩行している。狭い通路で、向かいから人が歩いてきても、相手の歩行速度や肩幅を認知して、歩みを止めることなく、さりげなく肩を斜めにしてすれ違える。

これを、「大脳の意識的な思考」でやろうと思ったら、つまり、「床の傾斜はほぼゼロ、摩擦度は中程度、しかるに親指の関節を20度ほど回転させせて、膝を……」なんてやってたら、とてもじゃないが重力加速に脳の演算速度が追い付かず、転んでしまい、歩けないのである。

小脳が担当する二足歩行は、遅くとも8歳までにマスターしておかないと、後は習得が困難になるとされる。

「しゃべる」も同様で、横隔膜を使って肺の息を排出しながら、声帯を震わせ、喉壁や舌、唇を技巧的に動かしてことばを発するという行為は、めちゃくちゃ運動センスを使う。さらに、話し相手の距離によって音量も調整している。しゃべることもまた、空間認知と運動制御を駆使する、とても小脳らしい「出力」の一つだ。

というわけで、8歳は脳の言語機能獲得の臨界期でもあり、8歳までに十分に母語（人生最初に獲得した言語）の発音を見聞きし、自らしゃべって、言語機能を取り揃えなければならない。

小脳がぐんぐん発達する幼児期には、母語体験が思いのほか大事だ。母語は自然に身につくものだと思われがちだが、母親が隙あれば携帯端末に夢中な21世紀、心がけて対話をしないと母語体験は案外希薄になってしまう。外国語教育に目を血走らせる前に、情緒豊かな母語で、母と子がふんだんに対話をしてほしい。絵本の読み聞かせも、言語機能の成熟に大きな役割を果たしている。

スマホ授乳はもったいない

私自身は、息子が生まれたその日から、ずっとしゃべりかけてきた。「雨が降りそうね。風の匂いが変わったもの」「お腹すいた。蕎麦《そば》でも茹でようかな」……まるでそこに無口な恋人がいるかのように。

授乳中には、ことさら、降るほど話しかけた。言語機能の発達に効果が大きいと踏んだからだ。

赤ちゃんは、目の前の人の表情筋を、そのまま自分の神経系に移し取る能力が高い。これを使って、ことばを発音動作として認知し、しゃべり始めるのである。ヒトは、ことばを「音」よりまえに「動作」として知るのだ。赤ちゃん自身が口角筋をなめらかに動かしている授乳中の語りかけは、母親の発音動作をコピーしやすく、発話につながりやすい。

私は、母語の発音の基礎が出来上がる2歳までに、日本語の「美しい音の並び」をふんだんに経験してもらいたかった。そこで、思いついたのが、小学唱歌だ。「菜の花畑に入日薄れ　見渡す　山の端　霞深し」なんて、どれだけたくさんの音韻の組合せなんだ、と気がついて。ナノ、バタ、ケニ、イリ、ヒウ、スレ……赤ちゃんに話しかける日常語にはない音韻の組合せに溢れている。しかも、語感のみならず、描かれている情景も美しい。

というわけで、授乳中は、まず息子への愛を告げ、次に小学唱歌を歌った。

話しかける内容は、もちろん、母親の好きな内容でいい。小学唱歌をチョイスするなんて、令和ママたち向けじゃないものね。

トップアスリートを目指すならタイムリミットがある

運動制御を担う小脳の基本機能が8歳までに整うので、運動能力を駆使するスポーツや楽器演奏に関しては、8歳までに始めたほうがいいとされる。

昔、花柳界では、踊りや三味線などの習い事は、6歳の6月6日に始めるという風習があったと聞いたことがあるが、脳科学的にも理にかなっている。プロスポーツのトップアスリートたちも、6歳までに始めているケースが圧倒的に多い。

とはいえ、運動センスは、野山を駆け回って遊んでいれば、たいていのスポーツに転用できる。「自由遊び」をふんだんにさせることでも、十分、将来スポーツを楽しめる身体になれる。

楽器演奏に関しては、7歳までに何か経験させてあげたい。しかし、こちらも、あまり思いつめないで。厳しくしすぎて、音楽を楽しめなくなってしまっては元も子もない。学校でも、音楽の時間はあるのだし。

理系の能力も、小脳の守備範囲

さて、小脳の力は、スポーツ・芸術のみならず、理系のセンスの源でもある。

理系のセンスは、空間認知から始まる。「距離」や「位置」を認知し、「構造」や「数」を理解し、やがて、脳に仮想空間を作って、そこで遊ぶ。その一連の〝概念遊び〟を支えるのが、小脳の空間認知力である。

理系の学生は、頭でっかちで運動音痴と思われがちだが、意外にそうでもない。

私が学生時代から楽しんでいる競技ダンスの世界では、昔から、理工系・医学系の学生（あるいは出身）の選手の活躍が目立つ。私が敬愛してやまないボールルームの元日本チャンピオン谷堂誠治先生も理工系出身。実はこれ、枚挙にいとまがないくらい。

小学校低学年の運動センスが、のちの理系の成績に比例するという報告を目にしたこともある。以前、対談させていただいた、筑波大駒場高校（毎年大量の東大合格者を出す高校である）の先生は、「東大現役合格者に共通の傾向」として、「早寝・早起き・朝ごはん」と「運動能力」をあげた。突出した速さとか強さとかではなく、マット運動も球技もそれぞれにこなせて楽しめる、バランスいい運動能力、という言い方をされた。

理系のセンスと身体を動かすセンスは、共に小脳を使う。昔から、いい研究者は体幹バランスがいいと、ぼんやりと思ってきたけれど、やはり、不可分だってことだ。アインシュタイン博士も、ヴァイオリンやピアノをこよなく愛して、自らも演奏したという。「論文を書くときは、バッハを聞く」という数学者を、私は二人知っている。

つまり、8歳までの小脳発達は、運動センス、芸術センス、そして学術のセンスにも重要だってことだ。言語能力に関わるので、国語力やコミュニケーションセンスにも寄与する。と言うことは、人間のセンスのすべてではないだろうか。


小脳発達の決め手の一つは、野山を走り回る、外遊び。都会の子なら、ジャングルジムや滑り台などの高低差のある空間の自由遊びでもいい。遊びは、幼児期最大の英才教育である。

中でも、年齢の違う子同士の自由遊び（運動能力の違う身体を見て、触れること）は、特に小脳を刺激し、発達に誘う。

我が家は一人息子だったので、保育園に早くから入れることとは、「小脳発達支援」の一環でもあった。その目論見《もくろみ》は成功したと思う。

お母さんの手元で、手厚く子育てできることは、とてもとても幸運なことだと思うけど、一人息子をお育ての方は、「上の子」や「下の子」と触れ合う自由遊びの機会を、ぜひ持ってあげてほしい。

働く母の痛み

保育園に入れることを「小脳の英才教育」とする考え方は、息子を保育園に入れることを哀れだと言って拒んだ彼の祖母たちへの説得材料にもなった。もしも「幼子を他人にあずける」ということへの心理的抵抗が、就職や職場復帰の障害になっている方がいたら、参考にしてください。

息子の傍にいたい、傍にいるべきなのでは……その思いは、常に私を苦しめた。いつの時代も、働くお母さんの胸にある、消えない痛みなのに違いない。

息子が15歳のとき、私の胸の奥底にあった、その思いが溢れ出てしまったことがあった。

「もっともっとあなたの傍にいればよかった」と泣きながら言ったら、息子は「そうだね、小さい頃は、ずっとママの帰りを待っていた」と優しく抱きしめてくれた。

そして、こう言ったのだ。「もう一度、生まれてくるのなら、また、働くハハ（彼は私をこう呼ぶ）のところがいい。外の空気を持ってきてくれて、なにより一生懸命でかわいいよ」

――このことばは、私と同じ思いをしている、すべてのお母さんに贈ろう。

そこに行くべき道があるのなら、その道を毅然と行こう。子どもと触れ合う時間が短くても、意識を集中して密度を上げることができる。

それに子どもは、びっくりするほど幼いときから、母親の痛みを理解し、支援者の気持ちになってくれている。実際、息子は最高の支援者であった。私の人生に、どれだけのヒントと助言をくれたかわからない。13歳のときには、「お金に対するプロ意識が足りない」と叱られて、ビジネスの真髄を思い知らされたし。ま、それだけ、私が何でも相談していたということなんだろう。

8歳までにどれだけ「ぼんやり」されたかで勝負が決まる

話を戻そう。

外遊びの重要性を語ったが、家の中でのミニカー遊びやブロックづくりは無駄かといえば、もちろん、そうじゃない。こちらの〝内遊び〟もまた、空間認知力を鍛える大事な時間。「構造」の理解に欠かせない小脳のエクササイズだ。

そして、その二つにもまして重要なのが、なんと「ぼんやり」なのである。

「外遊び」や「内遊び」で刺激を受けた脳は、その入力（経験値）を咀嚼《そしゃく》してセンスに変える必要がある。内なる世界観を構築して、発見や発想の能力を高めるためだ。

脳内を整理する間、外界からいったん脳を遮断する。

それが、眠りの正体である。眠りは、身体を休めると同時に、脳の進化の時間でもある。センスを作りだし、記憶を定着させる。受験生の母が邁進《まいしん》すべきは、いかに勉強させるかではなく、「短い持ち時間で、いかに効率よく寝せるか」である。

そして、起きている間にも、脳が必要性を感じたら、「外界から脳を遮断し、脳を進化させる」モードに入ることがある。それが、はたから見たら、「ぼんやり」に見える。

小脳の成長著しい8歳までの男の子は、このぼんやり時間が頻繁に訪れるのである。脳が、眠りを待てないのだ。後に理系やアートの領域で才覚を表す女の子にもこの傾向が強く出ることがある。

また、多くの男性は、おとなになってもこのぼんやり時間を必要としている。テレビを観ながらぼうっとしている夫は、「頭がよくなっている瞬間」である可能性が高い。いくつであっても男子のぼんやりは、そのときの脳が必要としている時間だ。そっとしておこう。

しかしまぁ、それを知っている身でも、男の子を育てると、そのぼんやりぶりには本当に驚かされる。ランドセルから筆箱を取り出そうとして、そのままフリーズする、とかね。はしこい妹がいたりすると、さらにでくの坊に見えてくることだろう。

保育園の先生たちも、口を揃えて同じことをおっしゃる。「散歩よ、と声をかけると、女の子は2歳児でもさっさと帽子をかぶって歩き出す。男の子は6歳児でも、運動靴を片方はいただけでぼうっとしているような子が必ずいる。ところが、そんな子ほどいい学校に行ったりするから面白い」と。

そのフリーズした時間、きっと、彼らの脳は活性化して、内なる世界観を充実させているのだろう。男たちのぼんやり時間を、敬愛し、大切にしてあげたい。

我が家の息子は、小学校1年生のある日、学校から帰ってこんなことを言った。「ママ、今日、不思議なことがあったんだ。学校についたらねぇ、2時間目だったの（満面の笑み）」

その日の朝、彼は、いつものように家を出た。歩いてたった数分の距離のいったいどこで、いったい何に夢中になったのだろう。あるいは、外界の出来事には関係なく、彼の内側で何かが飽和状態になって、世界観が変わったのかもしれない。外からの刺激にしろ、内なる変化にしろ、その幼い脳で起こったことを考えると、私は胸がいっぱいになった。1時間もワープできる集中力が愛しかった。おとなには、けっしてできないことだもの。

外遊びに内遊び、そして、頻繁に訪れる「ぼんやり」を放っておくこと。優秀な男性脳を育てようと思ったら、これらの時間をたっぷりと取ってやる必要がある。ということは、一日は案外忙しいのである（はたから見たら、遊び惚《ほう》けて、お片づけもしない、という事態だけど）。

不器用な私たち母子には、習い事や塾に通う時間はなかった。息子は、ひたすらジャングルジムと彼自身の〝工房〟と、リビングの「ぼんやり」で時間を費やした。それでも、普通に学業を終えられた。

小さな男子を育てているお母さんは、塾に習い事に、と気が焦ることがあるかもしれない。それらを楽しくこなせる才能がある母子なら、もちろん止めやしないが、「もっとのんびりしたほうが、この子に合う」と思ったら、迷わずそうしたらいい。

前にも述べたが、幼い子に何をさせるかは、母親が決めればいい。母親が、感じたようにすれば、きっと間違いがない。

母の憧れが、息子をヒーローにする

25年ほど前、幼い息子に、どんなスポーツをさせようかと迷ったとき、広島東洋カープの監督だった阿南準郎《じゅんろう》氏と同席する機会があった。

そこで、「うちの息子に、どんなスポーツをさせたらいいか、その見極め方を教えてほしい」とお願いしたら、私自身の運動歴を尋ねられた。その理由として阿南氏は、「男の子の運動能力は、ほぼ100％母親からきている」とおっしゃった。毎年、新人選手の家族を招待して食事会を開催するのだが、母親がスポーツで活躍したというケースばかりだというのだ。たとえば、足の速い選手の母親がインターハイの陸上競技で入賞していた、とか。

私自身は、走れば遅い、跳べば低い、ラケットにボールが当たらない。スポーツには、まったく取り柄がない。ついでに言えば、歌っても音痴。魚の絵を描いたのに、「森にいる動物？　ヒントは？」と聞かれる始末。息子に残せる「小脳の才能」は理系のセンスしかないな、と悟った一夕であった。

そのとき私は、思い知ったような気がした。8歳までに仕上がってしまう小脳は、その年齢までに圧倒的な影響力を及ぼす母親のセンスを引き継ぐことになる。

だとしたら、母親が気持ちいいことが、きっと息子の脳にも気持ちいい。母親が野球好きなら、息子もまた「野球少年」として生きるのが気持ちいいのだろう。東京ドームの大歓声の中で居眠りしてしまう私に、野球選手になれる子が生まれてくるわけがない。

だから、母親は、幼い息子に与えるものを、自分の気持ちで決めていいのである。自分の憧れや思いの先に、毅然と、息子の背を押してやればいい。私の場合は、「自分のことばで、宇宙を語れる男」だった。プロアスリートやヴァイオリニストではなく。

胎内に10か月近くも抱き続け、人生最初の大事な時間に寄り添う母親の言動が、男性脳の世界観の基礎を作っている。母親が「感じること」には間違いがない（「考えること」は時々間違っても）。感じたことを、大切に。

夫の意見は加味してもいいが、世間のママたちのマウンティング（良かれと思ってのアドバイス？）に屈して、気が向かない習い事に行かせる必要はない。

男の母であるということは、重くて、輝かしい。私にとっては、どんなＡＩを作ることよりエキサイティングで、いのちを懸けるのにふさわしい唯一の使命である。

苦しまずに「忍耐力」を身につける方法

さて、母親の感じるままに、息子を育てる（第一章ではさらに甘やかすことをお薦めした）……となれば、不安になるのではないかしら。タフな忍耐力はどこで鍛えればいいの？　ちゃんとしつけないと世間知らずにしてしまうのでは？

そう、そこは、やはり気をつけないといけない。人生には暗黒面もある。そのことも知っておかないと。そこで私は、幾多の「冒険ファンタジー」を与えた。本、映画、ゲームもしかり。

〝楽する子育て〟には、「ものがたり」のアシストが不可欠だ。ものがたりは、苦しまずに脳に忍耐力をもたらし、使命感を誘発する、ありがたいアイテムなのである。

というわけで、甘やかしは、読書とセットが基本。特に、男の子には、9歳から12歳までの冒険ファンタジーは必須である。

ものがたりの中で、たくさんの主人公が、過酷な運命に身をさらし、たくさんの失敗をしてくれている。負けても見捨てられてもあきらめずにリベンジし、世界を救い、信頼や愛や栄誉を得ている。冒険ファンタジーを何冊か読めば、世間の厳しさがちゃんとわかる。「使命」や「忍耐」の尊さを知ることができる。

もちろん、映画やドラマ、ゲームの中にも冒険ファンタジーは満載で、それらもぜひ楽しんでほしいが、「文字情報をイメージに変換する」読書は、脳のあらゆる場所を刺激して成長させる。読書を基調にして、画像に展開していくことをお勧めしたい。

そうそう、囲碁や将棋も、抽象的だが、脳には、冒険ファンタジーと同じ役割をする。囲碁に夢中な子を、そこから引きはがして、無理やり読書させなくてもかまわないかも。とはいえ、やはりある程度は、本と共に歩ませたい。盤上の戦略力の助けになるはずだから。


9歳の誕生日から12歳の誕生日までの3年間は、脳のゴールデンエイジと呼ばれている。脳が神経線維ネットワークを劇的に増やすときだからだ。脳の神経線維ネットワークは、「頭の良さ」「運動神経の良さ」「芸術センス、コミュニケーションセンス、戦略センスなど、あらゆるセンスの良さ」の源である。

神経線維ネットワークは、眠っている間に、起きている間の経験をもとに作られる。したがって、人生のこの時期。大切なのは「体験」と「眠り」。

その体験のほうは、日常生活だけではたかが知れている。普通に日本で小学生をやっていたら、たぶん、死の谷を渡ったり、海賊に襲われたり、妖精の女王に会ったり、ラッキードラゴンに乗ったりはしない。しかし、ファンタジーの扉を開けたら、あらゆる不幸と挫折とそれを乗り越える知恵と勇気が、そこには満ち溢れているのである。

つまり、読書は、「脳に与える体験」である。読書をする子は、脳への入力が何倍にもなる。子どもを持ったら、読書好きにすることは、脳育ての大事な定石だ。

ファンタジーが苦手なら、歴史ものでもいい。日常とは別の世界を、「自分と等身大の主人公」があらゆる挫折に立ち向かうものがたりを、若き男性脳には与えてほしい。

眠りは、勉強よりも優先したい

眠りについても補足しておこう。

脳が発達しているとき、脳は「眠り」を希求している。子どもは、総じて眠たがりだし、子ども脳からおとな脳への変化期に当たる13〜15歳もまた、ひたすら眠い。

眠いときは、眠らせてあげればいい。それが、脳が望んでいることだからだ。

私自身は、息子の脳のゴールデンエイジ（9〜12歳）に読書と睡眠を優先するため、中学受験は考えなかった。加えて言えば、小脳の発達期（〜8歳）に遊びと「ぼんやり」を優先するために、小学校お受験も念頭になかった。中学生時代も、本当によく眠らせた。

ただし、適正睡眠時間に関しては、個人差が大きいと言われる。小学生でも7時間で済む子もいれば、おとなでも8時間以上欲する人もいるという。それぞれの脳にとっての適正時間は、自ら見つけなければならない。

しかるに、寝ないで勉強しても、それが身につく人もいるだろう。そもそも「寝ないで勉強できる」のなら、脳はかなり「眠らないでいられる」ことにタフだと思う。なので、「お受験させたのは失敗？」なんて思わなくていい。

ただし、中学生男子の成績と身長が伸び悩んだら、睡眠が足りているかどうかを、しっかり考えたほうがいい。注意すべきは、22時以降の携帯端末の凝視と、寝る前の甘いもの。電子画面は目への刺激が強く、見終えた後もしばらく視覚神経を緊張させている。このため、寝にくくなってしまうのである。風呂上がりのアイス、美味しいとは思うけど、眠る前に血糖値を上げて脳を興奮させてしまうと眠りの質が悪くなる。「朝、ゾンビのよう」なら、この二つの生活習慣を見直してみてほしい。

勉強もしないで、夕方から眠り込む中学生って、ほんっと腹が立つのだけど、この時間も脳は進化していると思ったら、少しは優しくなれないだろうか。

息子を本好きにする方法

9歳の息子にファンタジーを読ませるためには、その前に、息子を読書好きにしておかなければならない。首根っこを押さえて本を読ませても、文字が脳に入ってこなけりゃ意味がない。

本好きへの道は、残念ながら、一朝一夕ではままならない。赤ちゃんのときから始まる。まずは、絵本に出逢わせることだ。

本を読むという行為は、けっこう面倒くさくて、かったるい。本をめくる、文字を読む、文字記号を意味変換して咀嚼する、イメージを創生する。身体も脳も、けっこうなストレスを強いられる。読書好きの人だって、読み始めが億劫で、しばし苦痛になることがあるくらいだ。しかし、本は面白いと本能的に信じているから、読み進められるのである。

そうなるためには、人生の早い時期に、脳に「本を読むのは面白い」という刷り込みをしておくことが大切だ。その刷り込みこそが、絵本の役割である。ページをめくると、思いもよらない世界が広がることを知らせて、潜在意識に埋め込むこと。

赤ちゃんの脳にいい絵本は、絵が比較的単純で、「にこにこ」「ざぶざぶ」「ぎゅっ」などの、発音して楽しい短いことばが添えられているもの。親子で、ページをめくることを楽しんで、ことばを何度も発音し合って、笑ってほしい。そこから、徐々に、ストーリーのあるものへと進む。

本を楽しむことの原点

実は、「ことばの感性」＝語感は、発音の体感が作り出す。

「ぎゅ」と発音するとき、喉がぎゅっと閉まる。柔らかな喉壁が絞るようにくっつき合う感じが、小脳に届く。小脳は、運動感覚をイメージに変える場所だ。すなわち、「ぎゅっ」と発音すれば、「絞りだす感じ」や「抱きすくめられた感覚」が脳に創生されるのである。

たとえば、母鳥がひよこを抱きしめる絵に、「ぎゅっ」ということばが添えられた絵本のページがある。子どもが自分で「ぎゅっ」と発音すれば、誰かに抱きすくめられたように感じる。絵本の表現に、リアルな臨場感が加わるのである。これこそが、本を楽しむことの醍醐《だいご》味《み》であり、原点だ。

そのうえ、赤ちゃんのときは、目の前の人の表情筋を、まるで自分が発音したかのように神経系に移し取る力が最大に働いている。母親が「ぎゅっ」と発音してやると、母親に抱きしめられたかのように感じるはずである。

なんと、幼児期には、自分で発音したときよりも、母親の発音のほうがずっとリアルだったりするのである……！

というわけで、絵本の読み聞かせは、おとなの想像する何百倍も、子どもたちの脳を刺激するエンターテインメントなのだ。本を楽しむことの原点であり、コミュニケーションの基礎力にも関与する。

どうか、親子で絵本を楽しんで。

8歳までは読み聞かせを

8歳の言語機能完成期を過ぎれば、文字を見ただけで、発音体感に完全変換できるようになる。読み聞かせをしてもらわなくても、音読をしなくても、文字情報から、直接「リアル」を作り出す能力が完成するのである。

逆に言えば、それまでは、読書にリアルが足りない。そのため、小学校低学年では、国語の時間に音読をさせるのである。あれは、脳科学上、かなり大事なカリキュラムなのだ。

というわけで、自分で音読できるようになるまでは、読み聞かせをしてあげてほしい。

8歳前後になってくると、子どもが自然に音読を疎《うと》ましがるようになる。それが、「読書リアル力」が完成した合図である。


私の友人に、少年院で絵本の読み聞かせのボランティアをしている女性がいる。

国語の研究をしている彼女は、あるとき、少年院で「話し方教室」をしてほしいと頼まれた。衝動性の犯罪に巻き込まれる少年は、おおむね対話力が低いのだそうだ。自分の気持ちをことばにできず、他人の思いを推し量ることができない。気持ちをことばにできないから、暴力に訴えることになってしまう。そこで、社会復帰する前に、対話力をアップしようという施策で、彼女は呼ばれた。

しかしながら、少年たちは、一筋縄ではいかない。彼女の働きかけに無反応で、「教室」が成り立たない。苦慮した彼女は、ふと、「お母さんに絵本を読んでもらったことがある？」と質問してみたのだそうだ。誰もが、首を横に振る。中には虚勢を張っている子もいたかもしれないけど、多くが戸惑うような目をしていて、真実のように見えた、と彼女は言う。

そうして、彼女の「絵本の読み聞かせ」が始まった。少年たちは、初めての絵本に、心を動かすのだという。犯罪者と呼ばれ、おとなにも恐れられる大きな身体の男子が、『100万回生きたねこ』に涙を流す。きっと、絵本は、いくつになっても、脳を開拓できるアイテムなのだろう。

そうそう、私が愛してやまない韓流ドラマ『サイコだけど大丈夫』でも、心に傷を負った主人公が、絵本を読むことで、過去の呪縛から解放されるシーンがあった。グロテスクなのに温かい、不思議な絵本のお話。

おとなでも、自分自身の人生がシュリンクして、どうにも逃げ場がないと感じたら、絵本を開いてみるのも、ひとつの手かもしれない。

息子を本好きにする方法　～手遅れ編

しかし、反抗期に入った息子を、今さら脇に座らせて、絵本を読み聞かせるのも、至難の業である。

もしも、8歳を過ぎて「本を読まない子」になっちゃっているのなら、この手遅れを挽回する方法は、たぶん、ただ一つ。親が本を楽しむ姿を見せることである。押し付けがましくなく、ごく自然に。

親が、子どもの目につく場所で、寸暇を惜しんで、本を読む。枕元やリビングに何冊もの本を並べて。

その中に、ファンタジーをさりげなく入れよう。やがて、「美味しいものを薦めるように」、その本を薦めるのである。「すごく美味しいから、ちょっとだけ食べてみて」と言うように、「すごく面白いから、ちょっとだけ読んでみて」と。

超有名なハリー・ポッター・シリーズは間違いがない。我が家の息子のイチオシだったのは、ジョナサン・ストラウドのバーティミアス・シリーズ。いずれも、おとなも夢中になれる面白さだ。

だいたい、「うちの子、本、読まないんです」と訴えるおうちには、本がなく、親が子どもの前で読書することもない。

音楽家の家の子が、自然に楽器に出逢い、音楽を愛するように、本好きもまた、「自然に本に触れる家」から始まる。

だから、私は電子本の普及には懐疑的なのだ。電子端末が発達した現代、おとながそれで本を読むことに、私はなんらネガティブじゃない。しかし、子どもたちが、自然に本に出逢うには、本という実体がいる。紙の手触りも、幼い脳を刺激している。リアル本は、けっしてなくしてはいけない。

遠い遠い将来、やむなく紙の本が消えるにしても、「図書館」や「本」のアイコンだけ特別に見えるような配慮を、文部科学省のような国の組織がきちんと先導してほしい。

というわけで、本は、脳のための最高のインテリア。手遅れになりかけた子どものために「本好きを演じる女優（俳優）」になる価値は、絶対にある。お試しください。

子育て卒業の日に

息子の15歳の誕生日に、「あなたの脳は、おとな脳型に変わった。もう、私の子育ては終わり。これからは親友になろうね」と言った後、「ところで、ハハの子育てで、何が一番気に入ってる？」と尋ねてみた。

どうせ、うやむやになるだろうと思っていたのに、息子は即座に「あー、それは、本を読んでくれたこと」と言いきった。

本？

きょとんとする私に、「そう。たくさん読んでくれたじゃん。ほら、『51ばんめのサンタクロース』とか」

懐かしい絵本のタイトルが出て、私もつい顔がほころんだ。「あ〜、あったねぇ。あと、身体が小さくなって、冒険するやつ」

「『ミクロたんけんたい』！」と、二人で声を揃える。

二人で布団の中で身体を寄せ合って、絵本を読んであげた日々が蘇ってくる。私は胸がきゅんとして、つい、「ねねね、久しぶりに、絵本、読んであげようか？」と申し出てしまった。

「いや、いい」と、無表情になる息子。そりゃ、そうだよね、これが思春期というものである。息子に恨みはない。

ただ、このとき、私は、ふいに、子育てが本当に終わってしまったことを悟ったのだった。我が家にはもう絵本を読んであげる子がいない……！　本当はもう8年くらい前からそうだったのに、この日、その事実は、あらためて私を打ちのめした。涙が溢れる。

「そんなに読みたいんなら、読む？」と、息子がびびって、気を使ってくれる。私は、手放しで、おんおん泣いてしまった。子育ての終わりの、鮮烈な実感だった。まだ何もしていないのに、子育てが終わってしまった。もっともっと、一緒にいればよかった。もっともっと、絵本を読めばよかった。もっともっと……。

小さな彼を育てているときには、この日常が永遠に続くような気がしていた。過ぎ去ってしまえば、人生の、ほんのわずかな時間である。

寄り添って、読み聞かせをしてあげられる時間を、どうか、大切に。

第三章　「愛」の育て方

この国の母と子は、あまり愛を口にしない。指図と口ごたえ、文句と不機嫌だけが行き交う会話になってしまう親子も少なくない。私の母は、弟（彼女の息子）の口の利き方が冷たいと嘆く。

子は、なぜ、愛を口にしないのだろう。

もちろん、親が口にしないからである。

私は、そこを改革した。

二人の間に漂っていてほしいことばを溢れるほど与えて、彼を育ててみたのである。

ヒトの脳は、人工知能と一緒（ほんとは逆、人工知能がヒトの脳を模しているんだけどね）。「優しいことば」なんて、入力しなければ、出て来やしない。

それと、もう一つ、母が息子と「優しい対話」をしておくべき理由がある。

男子の脳の「男性脳型」が加速するのは、男性ホルモン・テストステロンの分泌量がいきなり増える思春期だ。14歳を過ぎると、男性脳型の問題解決優先の対話スタイルに特化してしまう。それまでは、共感型の優しい会話も自然にできるのに。

ということは、思春期までに、女性脳特有の共感型の対話をマスターさせておけばいいってことだ。生涯、優しい息子でいてくれるし、将来、女性とのコミュニケーションに苦労しない。

逆に言えば、「女心を慰撫《いぶ》する優しさを持ち、大事なときに愛のことばを惜しまない」理想の男子は、母にしか作れない。妻には、手遅れなのである（手遅れだけど、それでも手当てする方法はある。それについては、既刊『夫のトリセツ』（講談社＋α新書）をご一読ください）。

夫は変えられない、息子はせめて、夫のようにはしたくない……多くの女性がそう言うけれど、母親が優しくない会話をしていたら、共感型の対話方式を知らない「男性脳」の一丁上がり。

この章では、息子を愛ある男に育てるための方法について述べる。

スキ、アイシテル

私は、彼が生まれてきたその日から、「あなたが好きよ。愛してる」と伝え続けている。

彼も自然に、「好きだよ、ママ。愛してる」と言ってくれるようになった。小学生時代には、「おやすみ」の前には必ず。

ある日、小学生の息子に私はふと、「あなたは、スキとアイシテル、両方言ってくれるよね？　この二つは、どう違うの？」と質問してみた。

息子は迷わず、こう答えた。「スキは、今の気持ち。アイシテルは、ずっと好きでいるというお約束」

韓流ドラマの天才脚本家か⁉


思春期以降、「好き」と「愛してる」は尋ねないと言ってくれなくなったが、それでかまわない。さまざまにかたちを変えて、優しいことばをもらっているから。

たとえば、手をぶつけて痛がれば、必ず「大丈夫？」と声をかけてくれる。痛い手を差し出せば、さすってくれる。「冷やそうか？」と言ってくれる。

夫が「たいしたことないのに、よくそんな、見え透いたことが言えるよな」と言ったときなんか、「ハハが痛いのは、手じゃなくて心なんだよ」と言ってくれたっけ。

私も、同じことをしてきた。彼が転べば、飛んで行って抱き上げた。足の痛みより、転んだショックを和らげてあげたくて。

子どもが痛いのは、身体より心だと、私は思っていたから。それを口に出さないのに、息子は知っていたのである。

愛情貯金

息子が新生児のとき、彼が泣けば、私は、電光石火でベッドに駆けつけた。

先輩ママたちは、「落ち着いたら？　多少泣かせたほうが、肺が鍛えられるわよ」と言ってくれたが、私は、「不安」を訴えたら「駆けつける母」でいてあげたかった。それが二人の間に信頼関係を築くと信じていたので。

だって、考えてもみて。つい最近まで、暗く柔らかい胎内で、ぬくぬくと眠っていたのである。地球に降り立って、ほんのわずかな時間しか経っていない。風の音ひとつ、雲の影ひとつ、明るさと広さまでもが彼を不安にさせるに違いない。泣くたびに、母が傍にいることを、何も心配しなくていいことを、知らせてやりたかった。

今でもまだ「抱き癖がつくから、すぐ抱いちゃダメ」という教えは残っているのだろうか。昔は、みんなそれを言った。なにそれ、と私は思った。放っておけば、抱いてもらいたがらなくなるというのは、不信に基づくあきらめでしょう?

愛しい息子が「泣いてもなにもしてもらえないんだ」と、人生最初のあきらめをして行くのは耐えられなかった。だから、即効で駆け付けて抱き上げた。息子に関して言えば、困るような抱き癖はついていない。

ときどき、赤ちゃんが泣いているのに、気にせずスマホに夢中になったり、平然とベビーカーを押して歩き続けるお母さんを見るが、あれは、肺を鍛えているのだろうか。抱き癖を避けているのだろうか。

人それぞれ育児の優先順位は違っていい。だから、それはそれでいいと思うけど、将来、こっちが痛がっても、きっと駆けつけてはくれない。優しさは、優しさに返される。それだけは、覚えておいたほうがいい。

お金も愛も、よく似ている。
どちらも、手に入れないと使えない。

教育資金を貯金するように、愛も貯金してあげなきゃいけないのである。

私は、貯金には失敗したが、愛情資金の積み立てだけには成功したらしい。

今のところ、息子は、愛に関しては「大金持ち」だ。惜しみなく使える。しかも、「愛」という通貨は、どうも「倍返し」になるらしい。寄せては返し、減ることがない。

はじめにテーマを決める

私が、子どもを産んだのは、32歳になる年だった。

人工知能の開発者として歩き始めて8年、先達のいない領域だったので、ベテランと呼ばれ部下もいた。さらに、脳の機能性を追究する立場であったことから、私にとって、子育ては「ヒトの脳」の育成を任せられた、新プロジェクトのようなものだった。

プロジェクトなら、長期目標が要る。

目標を掲げないと、評価ができない。評価ができないと、日々の細かい判断に迷い、「他人の意見」や「世間」にふり回されて、結局、迷走して、とん挫する。

企業人といえども、常に新しい道を拓く必要があった1990年ごろの人工知能分野では、プロジェクトにおける長期目標の大切さは、身に染みていた。

そこで、子育てのテーマである。

生まれてきた子が息子だと知った瞬間に、私の脳裏に落ちてきたことばがある。「母も惚れるいい男」。


母も惚れるいい男。

これが、私の息子育てのキャッチフレーズである。


世間でいう「いい子」でなくていい。でも、魚を美しく食べられる男になってほしい。「試験」が得意でなくてもかまわない。でも、物理学のセンスとことば力だけは必須。ことば力とは、自分の脳裏に浮かんだイメージをきちんと出力できること。「自分のことばで宇宙を語れる男」が、私の理想だから。主観と客観をバランスよく兼ね備えた者にしかできないことだ。

完璧でなくていい。それより、失敗にタフでいてほしい。「彼を支えたい」と周りが思えるような、大きいのに、愛嬌のある男でいてほしい。
習い事には、用心しよう。音楽やアートは、あくまでも、遊び心で出逢ってほしい。途中で投げ出さない」だの「次までにちゃんと練習して」だの言って、追い詰めるのは得策じゃない。飄々《ひょうひょう》と人生を楽しむ、優雅な男でいてほしいから。「一度始めたことは、彼の人生を彩る音楽やアートを、「苦しい思い出」とセットで記憶させてしまうのは残念だから。

なにより、思う存分、甘やかそう。この世はつらい場所じゃない。つらいことがあったとしても、楽しいことを輝かせるための布石だということを知ってほしい。世間に出れば、必ず冷たい風にさらされる。この子は、ほどなく保育園に行って、幼いうちから世の理不尽にさらされる。せめて、私と一緒にいる時間は、この世はぬくぬくとした温かい場所だと思っておいてほしい。一秒も無駄にはできない。躾《しつけ》と称して、「世間の目」でこの子を叱るなんて、私にはできない。

——以上が、キャッチフレーズが決まったとたんに、私の頭に、自然に並んだ子育て方針である。

母も惚れるいい男

実際に、その通りにしたし、息子は「母も惚れるいい男」になった。

バイクで何万キロも走る青春時代を過ごし、物理学の大学院を出て、自動車設計の会社に入った。一昨年、私の望みに応えて、私の会社に来てくれた、今では、私の会社の研究開発の担い手である。ビジネスセンスも申し分ない。

奇跡のようにキュートなおよめちゃんを連れてきて、私と夫に素敵な娘をくれた。一緒に暮らそうと言ってくれ、夫と二人で、素敵な家を建ててくれた。美味しいごはんを作ってくれる。地震で家が揺れれば、3階の彼の部屋から、1階の私の部屋まで、駆け下りて来てくれる（私は地震よりもその足音に驚いて、跳び起きてしまった（微笑））。

昨年、森を買い、週末にせっせと通って、自ら家を建てている。

先週、彼の森に行ってきた。生命力あふれる8月の森で、大好きなミステリーの最新刊を読む。

偶然だけど、物語の舞台も、ワイオミングの8月の森。緑が迫り、虫の羽音が聞こえる大自然の中に、二つの死体が埋められている。私の目の前にも、8月の森が広がっている。

やがて、息子が炭火で焼くステーキが焼きあがり、彼の親友が焼いてくれたホットサンドが配られる。こんな贅沢な時間があるかしら。

「息子に足したいものがある?」と聞かれても、何ひとつ思いつかない。

これでも、生きてていい

しかし、世間の評価軸を使えば、息子は、ざっと以下のような子どもであった。

朝さっさと支度《したく》ができない、宿題ができない(宿題が出ていることさえ認知していない)、おけいこ事に興味を示さない、成績はあまりよくない(頭は悪くはないと思うのだが、遅刻と宿題忘れで減点されてくるので、本当の実力がよくわからなかった)、かけっこはたいてい最下位(目標物があれば誰より速いのに、ただ走るのはまったく不熱心なのである)、お片づけができない、マイペースを変えられない、たらたら歩く。

前にも書いたけど、「ある日、普通に学校に行ったのに、着いたら2時間目だった」みたいな小学生だった。

息子は、小学生のとき、上級生の子からは「ムーミンくん」、下級生の子からは「トトロ兄ちゃん」と呼ばれていた。浮世離れした、おっとりオーラが彼のトレードマーク。もちろん見た目だけじゃなかった。

クラスメートの多くがお受験で過熱した小学校6年生のときには、他のお子さんのママから「クロちゃんを見てるとほっとするわぁ。これでも生きてていいんだなぁと思えて」と、しみじみと言われたりした。

エリートを望む気持ちがわからない

私が息子を叱らないし、「勉強、勉強」とも言わないし、塾にもやらないし、お受験に至っては調べもしなかったし、親子して習い事にも熱心じゃないので、周囲からは「そんなことしてたら、ニートになるわよ」とよく言われた。私は、「ニートなら、一生、傍にいてくれるよね。それもいいかも」と本気で言って、アドバイスしてくれた人を呆れさせた。

逆に、私は、子どもをエリートに育てようとするママたちの気持ちが皆目わからなかった。国際的に活躍する実業家や外交官なんかになっちゃったら、傍にはいてくれない。「神の手」を持つ医者になんかなっちゃったら、家に帰ってくる暇もない。愛しい息子を遠く手放すために、せっせと塾に通わせるなんて……なぜ？

もちろん、そういう人材は、この世に必要である。けど、なにも、うちの息子じゃなくたって……本人がどうしてもなりたいのならしかたないけど。

そんな気持ちで子育てをしている私には、子どもを立派に育てようとするママ友たちが眩《まぶ》しいばかりだった。

理想の母

私が卒業した奈良女子大学は、実は「賢母」輩出の誉《ほまれ》高い大学である。仕事で、活躍する実業家や文化人に会うと、よく「私も母も、奈良女子大出身で」と声をかけられる。同窓生たちも、びっくりするようなエリート子女を育て上げている。

私の理学部の同級生は、子どもとの時間を楽しみながら、勉強しろと叱ったりもせず、イギリスの名門大学を出て、外務省に勤めるお嬢さんと、東大現役合格で、学生のうちに弁護士試験に合格した息子さんを育てあげた。いずれも、シャイでカワイイ素敵な人たちで、これ以上ないほどぴったりの伴侶を得て、飄々と人生を楽しんでいる。

彼女は、海の向こうに渡った子どもたちと、しっかり連絡を取りつつ、自分の趣味に没頭したりして、人生時間を楽しんでいる。

彼女は、エリートを育てたつもりはないみたいだ。子どもたちが、自分の使命に出逢ったら、それがエリートと言われる職業だっただけ。そんな感じ。

理想の母とは、と尋ねられたら、私は、彼女を思い出す。

あれだけ、ゆったり育てて、愛も伝えて、名門大学にするっと入る余裕って、どうやって生み出したの？　社会に貢献する使命感って、どうやって育てたの？　私が、彼女の育児書を読みたいくらいだ。

私は、エリートとその母に対して、まったくネガティブじゃない。むしろ、憧れて、一目置いている。

——ただ、それが、私たち親子のスタイルじゃなかっただけ。

彼女の「母も惚れるいい男」と、私のそれが違っていただけだ。

誰もが、自分が望む息子を手に入れたらいい。
ただし、愛だけは、伝えたほうがいい。

男としてカッコ悪い

「母も惚れるいい男」という子育てテーマには、息子をあまり叱らないですむという利点もあった。「男としてカッコ悪い」といえば、たいていのことは済んでしまったからだ。

たとえば、保育園のお友だちを家に呼んで、一緒に遊んだとき。最初、一人っ子の彼は、自分のおもちゃを貸すのに躊躇《ちゅうちょ》していた。自分の「世界」を、他人にいじられることに慣れていなかったのである。

私は、「それ、男としてカッコ悪いよ」と声をかけた。息子は、「お、すまない」と言って（江戸っ子のおじいちゃんの真似）、おもちゃを差し出してくれた。

玄関で脱ぎ捨てたスニーカーがひっくり返っていたときも、魚をうまく食べられないときも、ご挨拶ができないときも、この一言で済む。

おかげで、「○○しなさい」というセリフをほとんど言わずに、彼を育てることができた。

ことばは、人間関係を作ってしまう。

命令形を使うと、支配関係になり、やがて、子どもが育って能力が拮抗《きっこう》してくると、反抗されたあげく、あっさり親離れされてしまう。年老いたのちには、子どもに命令形で叱られることになる。「○○するなって、言ったろう！」なんてね。

だから私は、極力命令形を使わないのである。

「食べなさい」ではなく「からだにいいのよ、食べてみて」、「早く、お風呂に入りなさい」じゃなくて「お風呂、沸いたわよ。先に入ってくれる？」。「宿題しなさい」じゃなくて「宿題、大丈夫？」。

要は、同棲している恋人のように口を利くわけ。手をかけた離乳食（海老しんじょう）をぺっと吐き出したときだって、「お口に合わなかった？」と声をかけたくらいだ。

ただし、朝の「早くしなさい」だけは、厳しく命令形だった。それをしないと、一生学校に行けない子だったから（苦笑）。

そして、ここぞと言うときには、「男として、カッコ悪い」を使う。

カッコイイは、殺し文句

反対に、「カッコイイから、〇〇して」も、けっこうな殺し文句だ。

息子を叱るのに、世間を引き合いに出す親は多い。「お店の人に叱られるから、静かにして」「勉強しないと、先生に叱られるよ」

これって、カッコ悪くない？

「静かにしてて。そのほうがカッコイイから」「勉強してよ。そのほうがカッコイイから」のほうが、親自身がカッコよく見える。スタイルをちゃんと持っていて、凛としているようで。

それに、母親に「カッコイイ」「カッコ悪い」を判定されたら、ぐうの音も出ない。たぶん、男の子は、他人に叱られることより、母親にイケてないと思われるほうがずっとショックだ。なにせ、母親は、「世界観の座標軸原点」だから。世間にダメと言われても、1発攻撃されたにすぎないが、母親のダメ出しは、世界観が揺らいでしまうのである。

このセリフは、息子が幼いうちは、父親も使えるのじゃないだろうか。

ただし、思春期過ぎたら、よほどカッコいい父じゃないと、反撃を食らう可能性高し。

しかし、母親は、いくつになっても、このことばを使える。

女が、愛する男に使うこのセリフには、「いい男でいてほしい」という気持ち、すなわち憧れが漂うからだ。

頼りにする、というスゴ技

いっそ、頼りにしてしまうという手もある。

公園で遊びに夢中になって、なかなかジャングルジムから降りようとしない息子にも、「帰るわよ、早く降りてきなさい」とは言わない。

「そろそろ、帰らないと、ママ、カレー作る時間が無くなっちゃう。どうしよう」と困惑して見せると、命令にはなかなか従わない子も、「わかった、帰ろう」と言ってくれることが多い。ま、ときには、「たまごごはんでいいよ」と別の提案が返ってきて、苦笑いしながら、それを採択するときもあるだろうけど。

脳は、インタラクティブ（相互作用）マシン。他者との関係性を常に測っている。ことばは、その関係性をくるりと変えるアイテムだ。
頼られた側の脳は、自然に、その場のリーダーになってしまうのである。リーダーは、自制して、全体を考えなければいけない。親子関係であっても、この効果は免れない。しかも、客観性優先の男性脳は、幼くても、この機能を発揮しやすいのである。

兄弟げんかを収めるときに、つい、兄のほうに「お兄ちゃんなんだから、我慢しなさい」と言ってしまいがち。たとえば、兄のおもちゃを欲しがって泣く弟に、おもちゃを貸すように強要したり。そのほうが便利だからだ。しかし、兄にとっては理不尽もいいとこ。その場は収まっても、兄の側にストレスがたまるので、兄弟仲は、さらに悪くなる可能性が高い。

けれど、そんなとき、母親が心底困惑して、「どうしたら、それが、お兄ちゃんの大切なものだって、わかってくれるのかしら」と言ってみたらどうだろう。「お兄ちゃん、どう思う？」と。
「○○は、まだ話が通じないからね。見えないところで、遊べばよかった」とか「ちょっと、貸してやるよ」とか「そろそろ、○○にも買ってやってよ」とか、兄側から、提案が出てくるかもしれない。

出てこなくても、「ちょっとだけ、貸してあげてくれる？　その間にお母さんが、○○の気をそらす手を考えるわ」と、兄と共犯になってもいい。

頼られれば、頼られるほど、男の子は、凛々《りり》しく、賢く、たくましくなっていく。

兄弟がいるときの対処法

ちなみに、兄弟を育てるときには、それぞれの子を頼りにしたらいい。カレーの味は兄に味見してもらって、どの花を買うかは弟に聞いてもいい。それぞれの得意分野を意識してあげてもいいかもしれない。

また、たまには、それぞれの子と〝デート〟してほしい。

男子に共感型の対話をマスターさせるためには、一対一でないと難しいからだ。女の子なら、他に誰がいようと、黙ってなさいと言われても、堂々と自分の気持ちをしゃべるのにね。男の子には、これが難しい。というわけで、夫や周囲に協力してもらって、それぞれの子と一対一の時間を作ってみてほしい。

特に、下の子が生まれたときの長男（一人っ子が兄弟持ちに変わったとき）には、赤ちゃんを夫にあずけてでも、週に一度くらいは、彼が母親を独占できる時間を確保してあげたい。公園に行くだけだっていい。赤ちゃん連れで行くのではなく、彼と二人きりで行くのが大事なのだ。

末っ子は、兄たちが手を離れるので、たいていは、母親と二人の時間が確保できるが、中間の子が忘れられがちなので、気をつけてあげて。

ええい、めんどくさい！　と思った読者の方がいたら、とっておきの奥の手をお教えしよう。彼らの父親が、共感型の対話をしてみせればいいのである。夫（息子たちの父親）が、ことあるごとに優しさと愛のことばを妻に与えている姿を見せてやれば、それでＯＫ。男の子の脳は空間認知優先で、なににせよ、かたちから入るのが得意。ロールモデル（お手本）があれば、かなりいい線まで行く。

夫にぜひ『妻のトリセツ』を渡して、お手本になってもらってください。

「夫を立てれば、息子の成績があがる」法則

兄弟を育てる際のコツをもう一つ。

序列を大事にすると、スムーズにいく。兄弟が揃っている場面では、長男、次男、三男の順に頼りにする（ただし、誰かの得意分野については、その限りではない。その本人に最初に聞いていい）。ごはんも、その順に出す。

この本では何度も語ってきたが、男性脳は空間認知優先で、「距離」や「位置」に鋭敏だ。この癖は概念空間でも同様で、人間同士の位置関係（序列）にもデリケートなのである。だから、男たちは、肩書を気にするし、肩書の上の者を差し置いてものを言うことができない。ビジネスシーンでは、この序列に無頓着な女性に、ストレスを感じる男性は多い。

幼い男性脳でも一緒だ。序列が今日と明日で違うことに混乱して、神経がやられてしまう。兄弟が、序列の中に納まっていれば、男性脳は安心する。次男は、二番目という場所で、かえってストレスがないのである。

姉妹の場合は、自我の強い女性脳がひしめき合って、誰もに「一番」という感覚がある。

このため、つど序列が変わるほう（今日は姉が一番で、明日は妹が一番とか）が自然だし、ストレスが少ない。

母親は、後者の脳の持ち主なので、つい男たちの序列を無視しやすい傾向にあるので、気をつけたほうがいい。母親が序列を守ってあげると、兄弟げんかが格段に少なくなる。

そして、その序列の最高位に君臨するのが、息子たちの父親、すなわち夫である。夫は、スーパー長男と心得て、長男の前に意見を聞き、長男の前にごはんを出そう。

というのも、先ほども述べたが、男性脳はロールモデルによって成長していく性質があるのだ。世界で最初に認知するおとなの男性＝父親は、自然に人生最初のロールモデルになっていることが多い。

このロールモデル（お手本にして人生の目標）が、妻にないがしろにされていたら、息子たちのモチベーションは劇的に下がってしまう。十何年も勉強して、一生懸命働いたあげく、ここがゴールだなんて……。今日の九九を覚える気力さえ、萎《な》えてしまう（ということも予想される）。

逆に、人生最初の女神（母親）が、ロールモデルを尊重していたら、「がんばって、あの場所に行きたい」と思えるでしょう？

というわけで、空間認知優先の男性脳の学習意欲を掻《か》き立てようと思ったら、夫を立てること。

私自身は、どうも、ここを失敗してしまったらしい。夫のためにも、息子のためにも、ここは痛切に反省している。

母親は、完璧でないほうがいい

母親は、完璧なおとなとして君臨するより、不安や困惑を素直に見せてやったらいいのである。思い通りに行かないときは、パニックになってもいい。

私は、家事が片づかず、よく取り乱した。ごはんを作らなきゃならない、体育着も洗わなきゃならない、PTAメールも一本返さなきゃいけない、なぜか重要書類が見当たらない、原稿の締め切りも過ぎている、なのに牛乳をこぼしたーっ、そんなとき。

理不尽にも、息子に、当たり散らすことだってあった。そんなとき、彼は、穏やかに私を抱きしめて、「おちついて」と言ってくれたものだった。「大丈夫、大丈夫」と。パニックになった息子に、私がそうしてあげたように。

息子は、私に、溢れるほどの愛をくれたが（今もそうだが）、それは、私が「そういうときの口の利き方」を仕込んでおいたことと、私が頼りにしているからだと思う。


もしも、夫が「妻の変化にも気づかず、優しいことば一つかけられない」タイプだとしたら、夫の母がよっぽど「自己完結型」なのだろう。デキのいい母親ほど、優しいことばを知らない息子を育ててしまう。努力した挙句、子どもに冷ややかにされるなんて、この世にそんな理不尽なことがあるかと思うかもしれないが、残念ながら、あるのである。

完璧主義の姑《しゅうとめ》は、嫁にマウンティングすることぐらいでしか、息子の家庭に関われない。「優しいことばが言えない夫」と「マウンティングする姑」は、ほぼほぼセットでやってくる。

いつだったか、女性誌で「息子を、夫のようにしない育て方」という特集記事があって、ネットでかなり話題になった。もしも、夫と姑にちょっとでもストレスがあって、そんな自分たちになりたくなかったら、完璧主義は捨てよう。そのほうが、万事、楽である。

能力が高くて、パニックにならない母親でも、「肉じゃがの味、見てくれる?」「この洋服、どうかしら」と、相談事を作り出して、対話に巻き込めばいい。

料理の味を見てもらうと、自然に料理に興味を持ってくれるし、自分ごとの相談に乗ってもらうと、おとなになっても、恋人や妻の服や髪形の変化に気づける男になる。

心の家長

家の相談に乗ってもらうと、息子は心の家長にさえ、なってくれる。

「墓参りに行かなくちゃ。一緒に行ってくれる?」と、お願いして一緒にやってもらう。「ふすまの張替え、どうしよう」と、些細《ささい》なことも相談する。息子が幼いうちは、答えなんて返ってこないから、独り言と同じようなものだけど、私は、赤ちゃんのときから、そうしてきた。

母親に頼りにされて育った我が家の息子は、家族のことを常に心配してくれている。

小学校5年生のときには、夫婦して「うちは家族とは言えない。一緒にごはんを食べないのは、ダメだと思う」と説教を食らった。

私が、朝忙しすぎて、立ったままごはんを食べるのと、夫の帰宅が遅いのとで、3人で食卓を囲む食事がなかったからだ。そこで、何があっても、朝ごはんは一緒に食べるというルールが出来上がった。

そのころから今に至るまで、家族をよりよくするための提案は、ほとんどが彼から提案され、彼が推進してくれる。仏壇を買い替えるときも、夫婦して決められず、大学生の息子に相談したら、一発で3人が納得する仏壇を選び出してくれたっけ。ほんと、惚れ惚れする。

そう考えてみると、昔の母親が、男の子をことさら立てて、尊重して育てたのは、「男性脳」育ての大いなる秘訣だったのかもしれない。

細かいことで言えば、眉を顰《ひそ》めたくなるような男尊女卑もたしかにある。地方によっては、今でも、肉は男性にしか出てこないとか、お正月のごちそうは男性の分だけ用意して、女は残り物を食べる、なんていうところがまだあるという。子どもを産む女子にこそ、上質のたんぱく質を食べさせなきゃならないのに、なんてことなの！　である。

そんな男女差別は、即刻、禁忌とすべきだけれど、脳の育ちからすれば、多少の「男を立てる」を残したほうが、得策じゃないだろうか。母親が男の子を頼りにして、幼い頃からお伺いを立てる。せめて、これだけは、残しておいたほうがいい。

必殺「頼りかえし」の術

さて、自己完結度の高い母親に育てられて、優しいことばが言えない夫について、ひとつだけ、対処法を伝授しよう。

男性脳は、基本、ゴール指向問題解決型という対話方式を取る。

問題点をすばやく指摘し合って、共にゴールを目指すという対話方式である。このため、「いきなり、弱点を突いてくる」ような話し方になる。

妻「パート先の店長に、こんなこと言われちゃって……」

夫「あー、店長の言い分にも一理あるよ。きみも、こうすればよかったんだよ」

妻「今度、このお店に行かない？」
夫「予約、取れるのかな」

女性部下「部長、こんな提案があるんですが」
男性上司「この資材調達どうするの？」

女性が期待しているのは、次のような展開のはずだ。

妻「パート先の店長に、こんなこと言われちゃって……」
夫「気持ちわかるよ。へこむよなぁ。こうしてみたら、どうかな？」
妻「今度、このお店に行かない？」
夫「いいね。予約、取りにくいって聞いたけど、やってみるか」
女性部下「部長、こんな提案があるんですが」

男性上司「いいところに気がついたね。僕もこの件、気になってたんだ。ところで、この資材調達にアイデアはあるの？」

天と地ほどの差がある、この展開。

しかし、なんと、男性たちは、こちらの「正解」のつもりで、先の「ひどい一言」を投げつけてくるのである。「共感する間も惜しんで、妻や部下を助けようとしている」のだ。そこには愛と信頼が溢れているので（ほんとです）、女性をムカつかせたなんて、つゆほども思ってない。

というわけで、女性が身につけるべき最大のビジネスマナーは、「弱点をいきなり突かれても、気にしない」である。おとなの女が身につけるべき最大のコミュニケーション・マナーと言いかえてもいい。

そして、弱点を突かれたときには、「頼りかえし」の術を使おう。

「資材調達どうするの？」と言われたら、「さすが部長、そこが悩みなんです。どうしたらいいと思いますか？」と、頼ってしまえばいい。仮に、「それがお前の仕事だろう」と返されても、「ですよね」とにっこり笑えばいい。男性脳は、頼りにされたことで活性化し、素直な笑顔に好感度を上げる。どう転んでも、損はしない。

夫に「予約、取れるのかな」と言われたら、「さすがパパ、そこが問題なの。何とかしてね」と言えばいい。「なんだよ、俺の仕事かぁ」と言われても、にっこり笑ってうなずけばいい。

脳の感性傾向が作り出す、こんな男女のミゾで、いちいちギスギスするのはもったいない。

結論から言う、ついで話をしない

さて、男性脳の話し方で、アドバイスをもう一つ。

ゴール指向問題解決型の対話方式では、最初にゴールを決めないと先へ進めない。だから、男たちは、こちらが「事情」や「気持ち」を語っているのに、「結論から言えないのか」とか「何の話？」とか「俺に、何をしてほしいわけ？」とか言ってくるのである。

しかしこれは、男たちの、安全対策の一つ。なぜなら、「結論のわからない話」が2分も続くと、相手の話がモスキート音のように聞こえてくるから。脳が、このままでは、エネルギーを使いすぎると判断して、危険回避のために、無意識のうちに音声認識機能を遮断してしまうのである。その前にゴールを知っておかなければ、結論に至れないのがわかっているから、「警告」しているのだ。

男性脳は、おしゃべり仕様にはできていない。寡黙に荒野や森を行き、風や水の音を聞き分け、獣の気配を聞き逃さないように進化してきているのだから。

というわけで、男性と話すときは、最初に結論を言う。結論を出すための会話なら、その目的を明らかにする。

たとえば、「お母様の三回忌について話があるの。ポイントは3つ。いつやるか、どこでやるか、誰を呼ぶか」のように。前の法事の愚痴から始めたり、今日の出来事をつらつら述べた後では、男性脳は上の空になってしまう。「聞いてるの⁉」とくぎを刺す羽目になる。

息子も同じである。

「学校からのプリントは、帰宅後すぐに出してほしい」という話は、それだけにすべき。

「こないだ、遠足のプリントが、ランドセルの底でぐしゃぐしゃになってたでしょう？お弁当のおかずのネタ買いに、母さん、コンビニに駆け付けたんだよねぇ。去年なんてさぁ」と延々話した後で本題を述べても、息子の脳では、モスキート音に変わっている。「ぴ〜、ひろひろ、ぴ〜」てな感じだ。

かくして、母は息子が「話を聞いてない」「集中力散漫」と思い込み、息子は母を「取っ散らかっていて、話が通じない」と思い込む。

この誤解を避けるために、ぜひとも、結論もしくは「話の目的」から入ろう。

男性部下も一緒である。「企画書の変更点について、話があるの。ポイントは3つ」のような口を利くこと。「あなたには、前々から、〇〇に配慮するように言ってるよね。なのに、なんで、こういうことになるのかなぁ。ここさぁ」なんて過去の経緯から、だらだらと本題につなげてはいけない。

これを遵守すると、男性脳とは、かなり、話がしやすくなる。

地球まるごとの愛

――愛のことばを、降るほどあげる。

――命令形を使わない。

――なにかと頼りにする。

――結論から言う。

考えてみれば、たったこれだけで、生涯にわたって、愛情溢れる、息子との対話が手に入るのである。

やってみない手はないでしょう?

降るほどの愛は、けっこうすぐに返ってくる。

息子が4歳か5歳くらいのとき。私たちの間で、愛の大きさを競い合う幾晩かがあった。「ゆうちゃんはね、こ~んなにママが好き」と両手を広げた息子の前で、「ママは、こんなにゆうちゃんが好き」と、私が両手を広げる。当然、4歳児が勝てるわけがない。

息子は両手を広げたまま、走って「大きさ」を稼ごうとする。私も負けずに横っ飛びする。４歳児には、追い越せない。

そんなある日、保育園から帰りついた息子が、両手の甲を合わせて「ゆうちゃんは、こ～んなにママが好き」と言ったのである。「なにそれ?」と聞いたら、「この間に、地球が入ってんの」。

彼は、保育園の絵本か紙芝居で、地球が丸いことを知ったらしい。手の甲を合わせて、両手のひらを外に向けたら、その間に地球一周分が入る……！　一瞬で、世界を手に入れてしまった彼に、勝てるすべはない。私は今でも、そのときの、彼の小さな手を思い出せる。

そんな地球まるごとの愛を、私はそれまでの人生でもらったことがないし、おそらくこれから死ぬまでないと思う。

思春期は愛のブレイクタイム

そんな息子だったけれども、思春期にはやっぱり、難しくなった。

不機嫌の靄《もや》が、私と彼との間に漂っていた時期がある。

ヒトの脳は、12歳半を過ぎたころから、大きな変化に見舞われる。記憶の方式を、子ども脳型から、おとな脳型へ変えるのである。

子ども脳では、体験記憶は、五感がキャッチしたあらゆる感性情報と共に格納される。たとえば、小学校時代の記憶を想起したとき、匂いや味まで思い浮かべることがあるでしょう？　父親が初めての車を買ったとき、その車に乗って初ドライブに行った記憶は、真新しいシートの匂いと共に浮かんでくるとか。そのときに、口に入っていたキャンディの味まで思い出すとか。子ども時代の記憶は、いわば感性記憶なのである。

しかし、一生、こんな記憶の仕方をしていては、脳の記憶領域が足りなくなってしまう。また、記憶の塊りが大きいので、とっさの検索に時間がかかりすぎるという弱点もある。このため、おとなの脳は、もっと要領よく記憶を格納していく。

何か新しい体験をしたら、過去の類似体験と比較して、その類似体験との差分や位置関係で記憶していくのである。記憶領域は少なくて済み、検索も格段に早くなる。困った事態に陥っても、すばやく切り抜けられるわけだ。

しかし、記憶データベースの仕組みがあまりにも違うので、脳は、一朝一夕には変化できない。12歳半から2年ほどをかけて、脳は、子ども脳からおとな脳へとシフトしていくのである。シフト中、脳は、脆弱《ぜいじゃく》で誤動作もする。なにせ、記憶装置と検索装置のバージョンが違ったりするのだから。

思春期の脳は、だから不安定なのである。

「自分の気持ち」がうまく引き出せない。したがって、気持ちを質《ただ》されるのが、最もムカつく。「学校、どう？」「どうして、やらないのよ」「どういうこと？」などなど。

この時期、心の対話がしたかったら、本人とは無関係の話題について、「どう思う？」と意見を聞くのが一番だ。「トランプ大統領、どう思う？」のように。

加えて男の子は、14歳あたりからテストステロンの嵐に見舞われ、いきなり「男性脳型」にスイッチする。共感型の対話をマスターしていても、一時期、不愛想になる。テストステロンは、縄張り意識や闘争心も掻き立てるので、「勝手に部屋に入った」「余計なこと言うな」と大騒ぎされることもあるかもしれない。

しかし、それもこれも18歳までには落ち着くはずである。テストステロンは、生殖器の成熟をアシストするため、思春期には分泌量ピークを迎えるが、やがてその量を減らして安定供給する態勢に入る。

ひとときき他人のようになってしまっても、息子は、絶対に帰ってくる。心配しないで、「これも成長の一環」として、見守ろう。そうとわかれば、「クソババア、死ね」もかわいく思えてくるかも。この世で一番大事な母親に、せいいっぱい突っ張っちゃって……なんてね。

我が家の場合、このことばを待っていたのだが（言われたらどんな感じがするのだろうと興味があって）、とうとう罵声《ばせい》を浴びることはなかった。あるとき尖《とが》っていた中学生の息子に、「いっそ、クソババアって言ってみて」と言ったら、「絶対言わない。エッセイに書くから」と言われてしまった。ばれてたか。

宇宙一の愛

今や、彼の愛の第一ターゲットは、およめちゃんである。

これ見よがしの美形じゃないのも、彼のお得なところ。テディベアのようなほっこりした顔と大きな身体に、牧歌的なおっとりした声で、ごく普通のことのように（きっと彼にはそうなのだ)、「今日は晴れてるね」みたいな口調で、愛のことばを口にする。

あるとき、およめちゃんが、「お母さんのおかげだわ」としみじみ言うので、「何が?」と聞き返したら、その朝のエピソードを教えてくれた。

目を覚ました息子(彼女の夫)が「おはよう。会えなくて寂しかったね」と言ったのだそう。彼女が「ずっと、隣に寝てるのに?」と言ったら、「目をつぶったら、会えないだろう?」と言ってくれた、と。

寝起きの彼は、ゆうに10分は脳の意識領域がほぼ停止している。だから、それは、自然に口から溢れ出た、心からのことばだ。私は、嬉しくて、泣きそうになった。ずっと見ていたくて、目をつぶるのが惜しいほど愛しい相手に、息子が出逢えてよかったなぁと思って。

「もう3年も暮らしてるのに、そんなこと言う? お母さんの育て方のおかげだね」と、およめちゃん。

そうそう、私のおかげ。それは間違いない。だって、彼の脳に「愛の貯金」をしておいたもの。

一昨日は、ふたりの結婚記念日だった。

アニバーサリー・ディナーの写真がインスタグラムにあげられていて、凝ったデザインのデザートプレートには、「ゆうさん、いつもありがとう」と、およめちゃんからのメッセージが添えられていた。

およめちゃんも素晴らしい人で、夫への愛と感謝を毎日口にする。夫の作った料理を、一口ごとに美味しがる。私の料理にも、とても喜んでくれる。彼女がいると、我が家に、愛の風が吹くのである。

でも、デザートプレートに、彼からのメッセージはないの？

そう尋ねたら、およめちゃんが、特別の秘密を教えてくれた。こういう二人の記念日には、必ず、彼からの手書きの手紙がもらえるのだそうだ。そして、その最後には、必ず「宇宙一大好きなあいちゃんへ」と記してあるという。

おお、母に捧げた「地球まるごと」を超えたか～。

これでよし！　と、「快晴の空」のような気持ちで、私は思った。

彼の脳の「愛の構造」は盤石である。これで、安心して、人生を卒業できる。

第四章　「やる気」の育て方

やる気がない。

これは、人生最大の損失である。

この「やる気」、実は、男性と女性では、発揮するシチュエーションが違うのである。狩り仕様の男性脳と、子育て仕様の女性脳は、がんばりどころがまったく違うためだ。

このため、母親の思いもよらないところに、男子のやる気スイッチがある。母親の「やる気喚起」が案外、逆効果になっていることも。

この章では、そのあたりを話そう。

ただ、その前に、食事の話もしておかなければ。

性格じゃなくて、栄養が悪い

やる気、好奇心、集中力、思考力、想像力、記憶力……これらは、すべて、脳内では電気信号（神経信号）にしかすぎない。その電気エネルギーの源は、「糖」である。糖は、血糖として、消化器官から脳に届けられる。

神経信号は、長い神経線維を通っていくので（ときには数十センチに及ぶ）、途中で減衰してしまう（弱ってしまう）。この信号減衰を防ぐために、神経線維には、〝絶縁カバー〟のようなものが付いている。ミエリン鞘《しょう》と呼ばれるこのカバーは、「コレステロール」製だ。実に、脳みその30％は、コレステロールなのである。

さらに、神経信号は、すべて、脳内ホルモンによって制御されている。セロトニンやドーパミンというホルモンが、やる気信号を下支えする。ドーパミンは好奇心信号も誘発する。ノルアドレナリンは、「余分な信号」を止めて、集中力を作り出す。

脳内ホルモンの材料は、なんといっても「ビタミンB」群、そして「動物性たんぱく質由来のアミノ酸」、「葉酸」。ちなみに、ビタミンB1は、ナトリウム依存で血中を移動するため、運び屋「ミネラル」も無視できない。減塩（塩はナトリウム）もほどほどに。

何が言いたいかわかりますよね？

育て方云々の前に、栄養が足りてなければ、脳は正常に動けないってことだ。

脳のエネルギー（血糖）が安定して供給されていること。つまり、血糖値が低すぎないこと。

信号が無駄に減衰しないこと。つまり、コレステロール値が低すぎないこと。

脳内ホルモンが、しっかり出ていること。ビタミン、たんぱく質がバランスよく摂取できていること。

この3条件がしっかり揃っていれば、多少ぞんざいな育て方をしても「溢れる好奇心と、萎《な》えない意欲と、思いやり」のある男子でいられる。それが、枯渇すれば、「やる気がなく、だるそうにしてて、突然キレる」男子になってしまう。

けっして、性格が悪いわけじゃない、実は「栄養」が悪いのである。

肉食男子に育てよう

コレステロール、動物性アミノ酸、ビタミンB群とくれば、肉である。

これらの栄養素は、身体づくりにもふんだんに使われている。身長が伸びる時期（中高生）の男子は、特に肉好きだけど、さもありなん、脳と身体がとても必要としているのだ。ただし、葉酸を足すために、野菜もたっぷりと。

肉は、脂も多く、基本的に消化しにくい食べ物である。したがって、消化能力が高くないと、がっつり食べられない。日ごろ、パンだのお菓子だの、あまりかまなくてもいい炭水化物で空腹をしのぐ癖がついていると、消化能力が低め設定されてしまって、必要なときに食べられなくなってしまう。

たとえば、塾前などの「夕方の小腹」に食べるなら、菓子パンじゃなくて、ゆでたまごを熱烈推薦したい。脳のためにもいいし、肉食男子でいられるために。

草食男子は、「女子を捕獲してくれない男子」のことだが、文字通り、肉をがっつり食べられない男子がほとんどだ。地下鉄で乗り合わせた女子大生たちが、「あの人、見るからに草食系だと思ったら、焼肉屋で、野菜ばっかり食べてるなんてね」「ほんとの草食系～」と大ウケしていたが、これって、脳から見たら、当たり前。草で育って、男らしさの象徴＝しっかりした首、広い胸郭、やる気と好意心が育つわけがない。

脳には、魚由来の成分も不可欠で、実際には、肉、魚、乳製品を満遍なく食べることが重要だ。肉食男子＝肉しか食べない男子という意味ではなく、「動物性たんぱく質」摂取系男子と捉えてほしい。

そして、コレステロール、動物性アミノ酸、ビタミンB群、葉酸。これらすべてが取り揃う食べ物がある。卵である。卵が「完全脳食」と呼ばれるゆえんだ。

脳育てに、卵はとても便利だ。朝食には、習慣的に取ってほしい。昼食、塾前、夕食、夜食にもぜひ。身長がぐんぐん伸びる中高生のころには、一日3～5個食べさせたいくらいである。

肉・卵が苦手、あるいは食べられなくて、とうふなどの植物性たんぱく質が主流だというご家庭では、かつお節やあご（トビウオ）、煮干しなどの出汁をふんだんに使ってあげてほしい。これらには、上質の動物性たんぱく質が含まれる。脳科学者の中には、だし汁を作っておいて、お茶代わりに飲むという人もいるくらいだ。冷ややっこには、ぜひ、かつお節をかけて。

特に、塾から帰ってきて小腹が空いている受験生の夜食には、卵スープがオススメ。カップに卵を溶いておいて、熱々のかつおだしやあごだしをさっと注ぎ、塩味を整えればOK。最近では、塩味が付加されただしパックも売っているので超簡単、お湯で煮だして注ぐだけだ。眠っている間の記憶の定着（脳は眠っている間に記憶を整理して定着させている）を、きっと助けてくれる。

台湾出身のモデルさんが、「寝る前のたまごスープは、小さいころからの習慣でした。おばあちゃんが、美肌のためと、毎晩飲ませてくれた」と話してくれたこともある。小腹が空いて眠れないとき、お母さんもぜひ。

甘い朝食は、人生を奪う

そして、血糖コントロールを心がけよう。

脳の活動のすべては、化学的な電気信号で行われている、この脳神経信号のエネルギーは血糖だ。糖が届かなければ、脳は動かないのである。最低、空腹でも食後でも血糖値80はキープして欲しいところ。40を下回ると、脳は活動を停止して、意識混濁状態に陥る。70を下回ると、思考が停滞しだす。60を下回れば、「だるくて、何もかもがうんざり」

してくる。さらに下がると、身体が危険だと判断して、血糖値を上げるホルモンを連打してくる。アドレナリンをはじめとする血糖値を上げるホルモンは、「気持ちを尖《とが》らせる」傾向が強い。よって、キレやすくなるのである。

低血糖の子は、「周囲に無関心で、だるそうにしていたかと思うと、突然キレる」ということになってしまう。

さて、この厄介な低血糖、実は、「空腹に甘いものを食べた」せいで起こるって知っていましたか？

空腹時、いきなり糖質の食べ物を口に入れると、血糖値は跳ね上がる。跳ね上がった血糖値を下げようとして、インシュリンが過剰分泌して、一気に下げてしまう。「空腹に甘いものを食べる」と、なんと低血糖になってしまうのである。

これを繰り返したことで起こるのが低血糖症だ。食べた直後は元気なのだが、やがて意識混濁に近いまでに血糖値が下がってしまう。やる気も好奇心も集中力も、起こす余裕がない。不登校児の多くが低血糖症だと警告する栄養学の専門家もいる。

朝食は、最も飢餓状態で摂《と》る食事なので、どの食事よりも気をつけてほしい。血糖値を跳ね上げるのは、白く柔らかいパン、スイーツ、甘い果物など。パンケーキ、あんパンにジュースなんていう朝食では、あっという間に低血糖に陥ってしまう。

朝食を失敗すると、午前中の授業は、ほとんど身にならない。甘いだけの朝食は、人生をじり貧にしてしまう。もちろん、体質によって、甘い朝食でも比較的大丈夫という子もいると思うが、「甘い朝食」＋「成績が振るわない」「キレやすい」などの症状を伴うのなら、見直してみよう。

朝食は、サラダや野菜の味噌汁、たんぱく質（卵、ハム、焼き魚、納豆など）、そしてごはんかパンなど、栄養素を満遍なく、が理想的。時間がないときは、せめて、卵かけごはんにして。

成長期の男子の身体（50センチの赤ちゃんが１８０センチになるんだよ！）のことを考えれば、本当は、もっともっと、本一冊分くらい食事の話をしてあげたいくらいだが、残念ながら書ききれない。

男子の食事について、もしも詳しく知りたかったら、ぜひ、『中高生の身長を伸ばす7つの習慣』（主婦の友社）をお読みください。

「身長」と「男らしさ」は、思春期の健やかな眠りがもたらす

脳と身体の健康でいえば、栄養のほかにも気をつけなければいけないことがある。真夜中の携帯端末の凝視。真夜中の網膜への光刺激が、成長ホルモンや生殖ホルモンの分泌を阻害することがあるからだ。

これらのホルモンは真夜中だけに分泌するわけじゃないが、ホルモンの中枢司令塔＝脳下垂体が視神経と直結していて、「夜の闇」や「朝日」などの光の強弱でバランスを整えているので、影響を受けてしまうのである。

「身長」と「男らしさ」は、思春期の健やかな眠りがもたらす。真夜中12時前後のスマホやゲームは、一時期、禁止したほうがいい。

ちなみに、男子は、女子より少し遅れて、14歳あたりに、身長を伸ばす最大のチャンスがやってくる。男子の身長を160センチ台から180センチに持ち上げるチャンスは、人生にほんの1～2年しかない。男らしさも、同時期に手に入れる。テストステロン増量によって、生殖器官を成熟させ、甘い声、太い首、広い胸郭、闘争心、冒険心を手に入れるとき。その大事な時期が、「ゲームやSNSが面白くてしょうがない年代」でもある。

欲望のままに振る舞っていては、おとなになって後悔する羽目になる。そこは、甘やかしている場合じゃない。

中学生向けに、脳育ての講演をさせていただくことがある。

脳にとって、「早寝、早起き、朝ごはん」がいかに大事か話していくのだが、女子はよく聞いてくれるけど、たいていの男子はぼうっとして、他のことを考えているのがありありとわかる。

しかし、その男子たちも、「早寝男子」と「夜更かし男子」では身長が約7センチ違うという話をしたとたんに、全員が「やべぇ」「やべぇ」と言って、こっちを見てくれる。

男子たちも、173センチよりも180センチのボディのほうが欲しいらしい。「早く寝なさい」と1万回言うよりも、この話をしてあげたほうが効果がある。

さて、それでは、「やる気」を伸ばす話に戻ろう。

誰にもイヤイヤ期がやってくる

生まれたての赤ちゃんは、母親の表情筋や所作に連動し、母親の情緒に共鳴するようにして生きている。

母親のほうも、脳内で境界線が崩壊している。私は、生後1か月ほどの息子が蚊に刺されたとき、「実際に」痒《かゆ》くなった。本当にリアルに痒いのである。身体のどことは言えないが掻《か》かずにはいられない。困り果てて、息子の赤いぷっくりを、優しくさするようにかいてみたら、すぅっと楽になった。

あのときの不思議な感覚を、今でも忘れられない。一時期、母と子は、意識領域が融合して、まさに一体になっているのだと思う。

その一体感が徐々に薄れて、とうとう、子どもが「自分の意志で、この世と関係性を持ち始める」瞬間がやってくる。イヤイヤ期の突入である。

ティッシュをボックスから、延々と引き出す。障子を破る。拾った石を口に入れる。醤油皿に手を突っ込んで、白いシャツに手形を押そうとする。

ダメと言われれば嬉々として繰り返し、「やりなさい」には「イヤ」と反抗する。思い通りに行かない日常に拍車がかかり、母親はパニック寸前にまで追い詰められる。実際に爆発することもある。

新幹線で、おもちゃを投げては取らせる、を繰り返していた赤ちゃんがいた。親が拾って手渡したおもちゃをすぐに投げる。フリスビー投げに興じる犬の飼い主のように。母親はよくがんばるなぁと感心した。私には、あれは付き合えないかも。

ようこそ、地球へ

しかし、息子がミルクのコップを二度倒したときには、私は、腹を立てなかった。ミルクのコップを倒す。白い小さな池が広がる。慌てて拭いて、もう一度ミルクを注いだら、彼がもう一度倒したのである。

ああ、そうか、と私は思った。地球へきてまだ間もない彼の脳には、「テーブルに広がる白いフラクタル曲線」は、初めて見た造形。目くるめく体験だったのだろう。

もしも私が、無重力で育った人間だとして、地球に降り立って初めてテーブルに広がる白い模様を見たときには、きっと目を奪われるに違いないもの。

そう、ここは、こういう場所。ようこそ、地球へ。


昔は、これを第一次反抗期と呼んでいた。

私は、反抗期ということばが大嫌いだ。なぜなら、あれは、大いなる実験だからだ。脳が、その本能であるインタラクティブ（相互作用）性に目覚めたのだ。自分のしたことが、周りに何らかの影響を与える。静物ならかたちを変えたり、動いたりする。人間や動物なら、なんらか反応を示す。脳は、その相互作用によって、周囲がどんな環境かを認識できる。それが脳のインタラクティブ性である。

たとえば、閉じられた空間で声を発したら、その声が壁で跳ね返ってくる。その反響のようすで、私たちは、空間の広さや、自分の立ち位置を知る。声の大きさや向きを変えれば、反響のようすも変わる。私たちは経験を重ねて、自分の出力（声）を調整したり、入力値（反響音）解析のシステムを脳に構築していくのである。

脳の壮大な実験

自分の出力で、周囲（モノや人）からの反応が返され、新たな入力をキャッチする。その体験を重ねて、あらゆるセンサーを調整するのが2～4歳のころ。比較的受け身だったあかちゃんが、能動的に（自分から積極的に行動して）、自分と周囲の関係性を構築していくときである。

したがって、母親がうんざりするあれ、やって欲しくないことを繰り返すイヤイヤ期は、脳の「実験期」なのだ。

ミルクのフラクタル曲線を確かめたり、おもちゃの放物運動を楽しむ幼児の脳の中は、実験を繰り返す物理学者となんら変わらない。好奇心と実験と結果確認の永久ループ。

その実験を阻止して、好奇心を萎えさせておいて、将来、勉強に夢中になれ、と言っても無理なのでは？

将来、学究的なセンスを期待するつもりなら、おおいなる地球実験を見守ろう。

おとなになるまでミルクを倒すわけじゃないし（息子は結局その2回だけだった）、テイッシュを引き出しも、3箱目には飽きていたと思う。

我が家では、ティッシュに関して言えば、おばあちゃんたちのほうが寛大だった。私がティッシュボックスを取り上げようとしたら、どちらのおばあちゃんも「させてあげて」と言ってきて、大きなポリ袋に拾って、そこからしばらく使ってくれた。引き出す姿がかわいいと、実家の母なんかには、やんやの喝采を受けていたっけ。

二歳の実験期に沸《わ》き上がった好奇心と実験欲を、好意的にスルーしてもらうこと。これが、「やる気」育ての第一歩だと思う。好奇心のままに、行動を起こしていいんだよ、と、脳に刷り込みをしてあげよう。

質問を喜ぼう

4歳くらいになると、「これ何?」「なんで?」と質問攻めをしてくることがある。実験期の後に訪れる「質問期」である。

新宿駅でロマンスカーを待っていたら、ホームに入ってきた赤いレトロタイプに驚いた

4～5歳の女の子が、「なんで、赤いの？」と、母親に質問していた。母親は携帯画面に夢中で無視しているのだが、女の子はあきらめない。「ねぇねぇ、なんで赤いの？」の音量がだんだん上がってくる。業を煮やした母親は、「あんたには関係ないこと！」とぴしゃっと言い放った。女の子は、それっきり、じっと黙って、けれど、キラキラした瞳でロマンスカーを眺めていた。

がんばれ、あなたの質問力。

私は、心の中で応援する。私が答えを言ってもいいが、余計なことをして、彼女が母親に後から八つ当たりされたら可哀そうだからやめた。今夜、パパに聞いて解決するかも。子どもの脳には、それくらいのキープ力があるし。

まぁ、ときには、こんなこともあっていいとは思う。特に女の子は、こういうときあきらめないし。「あんたには関係ないこと！」も、私にはウケた。コミュニケーション力の高いパワフル女子脳は、こんなことじゃへこたれない。だとしたら、たしかに、こんな言い方もあるな、と。

とはいえ、子どものこの時期の質問には、やはり、できるだけ応えてやりたいものである。特に、「自らしゃべること」が苦手な男性脳は、やっとの思いで紡ぎ出した質問を拒絶されたら、ショックが大きい。

答えられなくてもいい、応えてあげてほしい。受け止めて、疑問に共感してやってほしいのだ。せめて、「そうねぇ、なんで赤いのかしら」くらいは。

子どもの質問には、にわかには答えられないものが多い。

「空はなぜ青いの?」「虹はなぜ7色なの?」くらいならグーグル先生でなんとかなるかもしれないが、「人はなぜ死ぬの?」「いのちはどこから来るの?」とかに、なかなか一発で答えられる親はいない。

そういうとき、疎ましがらないで、どうか、その質問を喜んであげて。「おお、素敵な質問ね。お母さんにもわからない。いつか、その答えが見つかったら、教えてね」

この話法を知っていれば、子どもの質問攻めもぜんぜんうっとうしくない。

あなたはどう思う？

時間があれば、「あなたはどう思う？」と聞いてみるのも面白い。

我が家の息子が、絵本の虹を見ながら、「虹はなぜ7色なの？」と尋ねてきたとき、私は「あなたはどう思う？」と聞いてみた。

すると彼は、「おいらはねぇ、神様に7つのものの見方があるからだと思うんだ」と、にっこり笑った。


虹は、水蒸気の層がプリズムの役割をして、光を分解して見せる天体ショーである。光の帯はシームレスなグラデーションで色彩変化しているので、脳が色を感知する精度を粗くすれば5色に見立てることができるし、繊細にすれば8色に見立てることもできる。このため、昔から、民族によって虹の色数は違うのだが、7色が世界の主流である。

多くの人に、虹が7色に見えるのは、実は脳の特性なのだ。脳の中に、「とっさの認知のために使う、超短期記憶の場所」があり、それが7つの人が大多数だからだ。

ヒトの脳が、世の中を「7つの属性」で見るように作られているから、虹は7色に見える。それが、脳の認知構造を知る人の答えである。

聖書には、「知恵の七柱」というタイトルの一説がある。旧約聖書箴言9章冒頭。欽定英訳聖書では、Wisdom hath builded her house,she hath hewn out her seven pillars: と表現されている部位だ。——知恵の女神は、7本の柱を切りだし、その宮殿を建てた。そんなふうに訳される一説である。このことばは、脳科学や認知心理学の学徒には、強い衝撃を与える。まさに、脳の中には「認知のための7つの枠組み」があるからである。

そして、脳を研究する母親に、保育園生の息子がさりげなく言った、先の一言。脳に「7つの認知の仕組み」があることを、古代の人も知っていたし、息子も感じていた。

脳とは、奇跡に満ちた場所だなぁと、つくづく思う。

子育ては、つくづく面白い。

子どもが出逢うまで待つ

子どもの質問は、ときに奇跡を見せてくれる。

ぜひ、「あなたはどう思う?」で楽しんで。

ただし、100のうち99は、くっだらない答えが返ってくる（「シマウマはなんで、しましまなの?」「あなたはどう思う?」「しまが好きだから〜」）。奇跡はそうは起こらないので、あまり期待しすぎないように。

とはいえ、どんな答えでも、バカにしないで受け止めよう（「たしかにね、シマウマのメスは、しましまが好きで、しまがはっきりしたオスがモテるのかもね。そして、しまのはっきりした子が生まれる。進化の摂理よね。けど、何で、シマウマのメスは、しましまが好きなんだろう?」「カッコイイから〜」「だからぁ、何でカッコイイと思うんだろう?」「しまだから〜」）。

結論の出ない堂々巡りであれ、好奇心に導かれて、考察を重ねることは、子どもの脳にとっては、戦略思考育成のチャンスでもある。あくまでも、好奇心に導かれて楽しく、がセンス向上の基本。課題を与えられてしぶしぶ、では脳の進化は緩慢になってしまう。

脳育と称して、脳が好奇心を感じる前に、次々にアイテムを与えて刺激する幼児教育もあるようだが、私は、あまり賛成できない。アイテムそのものは、よくできていると思うが、周囲のさりげない風景の中から「本人の脳が、はっと気づいて注視する。質問を作り出す」が、やはり一番だからだ。おとなになって、事業開発しようと思ったら、「気づき」の力がなければ何も始まらない。思考力は、気づきの後に必要になるものだ。

というわけで。

子どもが出逢うまで待つ。

これが、我が家の教育方針である。

小学校の教室で退屈しないために

小学校に入学するときも、数も文字もほとんど教えずに、学校に入れた。

だって、小学校で習うことをあらかじめ知っていたら、教室で退屈するでしょう? 学校は、知っていることを再確認したり、先に知っていることをひけらかしたりする場所じゃないもの。

私の父も同じことを言って、私は自分の名前も書けないまま小学校に入った。

でも、おかげで、国語の教科書の最初のページ(たぶん)を、今でも覚えている。

女の子が手を上げて、口を開けているイラストが中央に描かれたページで、右上に「はるみさん」、左下に「はい」と書いてあった。授業で先生が、このセリフを読み上げてくれたとき、私は、恍惚《こうこつ》としてしまった。

「はるみさん」の最初の音と、「はい」の最初の音は同じであること、それを「は」という記号で一元化できることが、私を興奮させたのだ。算数の時間には、チューリップもキャンディも、数にすれば、足したり引いたりできることが私を興奮させた。

もしも、文字や数字を、もっと早い時期に、親たちが「記号」として暗記させてしまったら、私には、きっとその感動がなかったと思う。

森羅万象に見えているものが、ひとつの法則に括《くく》られる。文字しかり、数字しかり。その面白みこそが、私にとっての学問の真髄である。やがて物理学徒となった。この世のすべてを、たった一つの式で表そうとする、抽象化の極みの学問に浸りたくて。

数字の色合い

私は、そのことに感謝しているから、息子にも同じようにした。

就学前塾？　とんでもない。

小学校1年の担任の先生が、ある日、こんなことをおっしゃった。「算数の時間の終わりに、この計算問題を解いたら休み時間にしていいよ、と言うと、他の子はみな、さっさと済まして校庭に出ていきます。けれど、黒川君は、楽しそうに、ひとつひとつ時間をかけて解いていく。ああこう来たか、なんて言いながら。休み時間が終わってしまい、次の時間の冒頭に、トイレ！　と言って、走って出ていくこともあって」

私は、ぷぷっと吹き出してしまった。先生も笑顔で「急《せ》かしてあげたほうがいいか、そのままにしてあげたほうがいいか、お母さんに相談してみようと思って」とおっしゃる。素敵な先生だなぁと思った。当然、「そのままにしてやってください」と頼んだ。

息子は、ある日、くすくす笑いながら帰ってきた。「ねぇ、ママ、7と8足したら15になるって知ってた？」

質問しながらも、ぷぷぷと笑う息子に、もらい笑いしながら、私は答えた。「知ってるよ、31年前ほどから。それが、どうして、そんなにおかしいの？」

「だってママ、7と8って半端な数字じゃん。しかも、半端さの色合いが違う。なのに、足したらぴったり15になるんだよ（大笑い）」

息子は指を使って足し算をしているらしい。2本と3本、半端な指が合わさって、手のひら全部になったのが、よほど面白かったらしい。

これこれ、と私は思った。これが「数」と出逢うってことだ。

歩みは遅いけど、中学受験どころか、大学受験にだって、ぜんぜん間に合わないスピードだけど、それでいい。大学なんて、現役で入らなくたっていいんだもの。

54年前の小学校、あるいは23年前の小学校と、今は事情が違うのかもしれない。数字も文字も知っていて入学するのが当たり前で、学校の先生がそれを大前提に授業を進めるのが今の小学校なら、残念ながら、私たちのやり方は踏襲できない。だとしたら無理をしないで。

でもまぁ、こういう見方があるということを覚えておいてほしい。ここまでのんびりでも大丈夫っていう心の保険として。

浮力の発見

学校の成績は凡庸だったけど、我が家の息子は、小学校2年生のときに、浮力を発見した。

ある日、風呂場から、「ママ、ママ」と呼ぶ声が聞こえる。水場で何が……⁉ と、あわてて、駆け付けた私に、「ママ、おいら、今、おならしたの。そしたら、泡が浮かんできたんだよ」と、興奮して、私の顔を見上げる。

「うん、そうだね」と、世界中の誰でも知っている発見に、私は、気のない返事をした。そうしたら、息子が、「泡には浮かぶ力があるわけだけど、水にも、同じだけ泡を押し出す力があるよね」と言ったのである。

こちらも世界中の誰もが知っている浮力＝アルキメデスの原理だけど、それを自分で発見する小学生は、初めて見た。「そうよ。あなたが2500年前に生まれていたら、世界に名前が残ったかもしれないわね。アルキメデスじゃなく、あなたの名で」

別の日に息子は、再び風呂場で、表面張力も発見している。

「ママ、お風呂のお湯がべたべたする」と言われて、掃除がいい加減だから？ とドキッとした私。息子は、「こうやって、手のひらを持ち上げようとすると、水がくっついてくるんだよ」と、手のひらを、お湯の表面にペタッとくっつけて、水平に持ち上げるしぐさをして見せた。

「水にはさぁ、一塊《ひとかたまり》になろうとする力があるんじゃないのかなぁ」と息子。

「あー、よく見抜いたねぇ！ まさにその通りよ、水には、一塊になろうとする性質がある の。あなたの発見したそれは、表面張力と言うのよ。コップの水を、なみなみ注いだら、ちょっと盛り上がるじゃない？ あれと同じ」

「あー、ママが大好きなビールね」

う〜ん、それはまた違う話なのだけど、泡＝界面活性は、私にはうまく説明できそうになかったので、「そうねぇ」と、うやむやにしておいた。表面張力と界面活性の関係は、いつかどこかの教室で、彼自身が知るだろうし。

私は、こうやって、面白いところだけ、彼と共有した。学校は、抜けなく満遍なく息子に知識をくれる。学校は、本当にありがたい。

なぜ、学校に行くのか

先にも述べたが、男性脳は、ゴール指向問題解決型という脳の使い方を優先している。

とっさに遠くを見て、潔くゴールを見定める。

物理空間で行うこの癖は、思考空間でも変わらない。対話においては、最初に「話の最終ゴール」＝結論や目的を知りたがる。ゴールがわからないと、思考が散漫になり、相手の話がモスキート音のように聞こえてしまう。

この脳の癖を知っている私は、息子が小学校に入学するとき、小さな「男性脳」に黄色い帽子をかぶせてやりながら、これから始まる学校生活のゴールを知らせてやらなければ、と思った。

私は、息子に、こう伝えた（本当は、もっとごちゃごちゃしたことばだったけど、要約するとこんな感じ）。

「あなたはこれから、いろいろな教科を学ぶことになる。算数（これはやがて数学になるわ）、国語、理科、社会……そのすべては、この世の見方を学ぶことなの。いくつもの見方を学校は教えてくれる。やがて、そのうちの一つか二つで、人は世の中を見ていく。数学を選ぶ人もいるし、音楽を選ぶ人もいるでしょう。けど、小さいうちは、どれがその人に似合うかわからないから、学校はすべてを教えてくれるの。ものの見方をいくつも手に入れること。勉強は、そのためにする」

　ものの見方を手に入れるために、学ぶ。

　こう決めておけば、苦手な教科ほど、無視できなくなる。そこに、自分の持っていない「新たなものの見方」があるからだ。挫折も多いほうがいい。ものの見方がさらに深まるからだ。そして、「なぜ、社会に出たら使いもしない微分積分をやらなきゃいけないのか」なんて疑問を持たなくても済む。

　この目標なら、「苦手」も「挫折」もポジティブな方向となり、迷いがなくなる。学ぶものにとって楽なうえに、万能なのである。

　当然、それぞれのおうちのゴールがあってもいい。「いい成績を取って（できれば一番になって）、いい大学に行く」「医者になる」という潔い目標も、それが親子にとって楽しければ、もちろん、ありである。

男性脳は、志を持つと生きるのが楽になる

いずれにしても、男の子には、ゴール設定か、ロールモデル（目標となる人物）がいる。昔の小学校に、二宮金次郎像があったのは、このためだ。あるいは、ときに街角に英雄の像があるのも。「ああいう立派な人間になる」というのも、男性脳たちを安心させる目標設定のひとつだからだ。

世界のほとんどの国では、「お国を守る」というナショナリズムが、男性脳の「育ち」のゴール設定にできる。徴兵制があれば、なおさらだ。「この世に戦争がない」と思い込んでいる平和な国では、男性脳の明確なゴールがないので、各々が意識して決めなければいけない。

ちなみに、女性脳は、プロセスを無邪気に楽しめる。今の目の前のこと、「テスト」「遠足」「運動会」に夢中になっているうちに、時が過ぎる。好きな男の子に会いに行くというモチベーションだけでも、十分に学校に通いきれる。だからつい、「ずっと先の目標」という目線を息子にあげるのを忘れてしまいがちなのだが、ここは、息子の母親たるもの、

ぼんやりしていてはいけない。

なぜなら、男性脳は、目標が遠く高いほど、今を楽に過ごせるからだ。「大谷翔平のようなすごい野球選手になる」という遠く高い目標（志）があるから、今日の千本ノックに耐えられるのである。

ゴールが遠くなくてはならない理由

息子が、掛け算九九を習ったときのこと。

2の段が言えるようになって、ほっとした息子に「じゃぁ、次は3の段ね」とほがらかに言ったら、がっくり落ち込んでしまった。「え、ここがゴールじゃないの？」とすっかりうなだれている。

これこれ、これが男性脳なのだ。ゴールだと思っていた場所がゴールじゃなかったとき、モチベーションがだだ下がりする。

近いゴールだと、乗り越える度にモチベーションが落ちることになる。だから、ゴールは遠くないといけないのだ。

女の子なら、バラをつんだ後、あらチューリップもあるのね、という感じで、「今」を重ねて、先へ進めるのに。

2の段ができてちゃほやされたら、「え、3の段もあるの？　よっしゃ～」という感じだ。たとえ、9の段の後に実は10の段もあるのと言われたって、そうショックじゃない。

女性が、先の見えない事態に強いと言われるのは、このためだ。阪神淡路大震災のときも、東日本大震災のときも、「その日のうちに精力的に動き出したのは女性たちだった」と言われた。町が壊滅しても、「とにかく、今日の夕飯」から立ち上がれるのが、女性脳の素晴らしいところだ。

男性脳は、大局を失うと、闇に落ちる。生きる気力さえ失うことがある。そんなとき、お湯を沸かそうとする女が傍にいて、「薪集めてきて」とお尻を叩いてくれるのがうんと大事なのだ。

男たちの「大局を見失ったショック」に無頓着ではいられない。特に、男の母としては。

というわけで、息子の「2の段で終わらなかったショック」を見逃せなかった。

「3の段どころか、9の段まであるわよ」と言ったら、絶望の淵に沈んだような顔をしている。その顔を見ながら、この際、算数（数学）に関する息子のゴールを、うんと遠くにしておこう、と思いついた。

「なんて顔してるの。先は長いわよ。掛け算が終われば、次は割り算を習うの。その先に、分数や負の数がきて、因数分解、ベクトル、微分積分。あなたが理系の大学院まで行ったら、つごう17年間、あなたは算数（そのうち数学）と付き合うことになる。そこまでいかないと、宇宙を知ることはできない」

2の段でがっくりきている息子にしてみたら、「分数」から「微分積分」までは、なんのことやら、ちんぷんかんぷんだったと思うが、「九九なんて、はるか遠い道のりの、ほんの小さな一歩にしかすぎない」ということは伝わったらしい。

彼の顔から絶望が消えて、希望に変わった。そののち、数学に関しては、「まだやるの」「なんでやるの」ということばを聞いたことはない。黙々と時を重ねて、物理学の大学院を出て、自分のことばで宇宙を語れるまでになった。

やる気がないのではなく、ゴールが近すぎる

息子育てにおいては、遠くのゴール設定は、ほんと大事。これをしないと、日々、いちいち「やる気」を高めてやらなきゃいけなくて、向こうもつらいし、こっちもくたくたになってしまう。

たとえば、「えっ、3の段があるの？」と絶望した男の子に「つべこべいわずに、はい次！」なんてやってたら、段が増えるごとに彼のモチベーションが萎えて、その度に、母親がお尻を叩くことになる。

これをもって、女親は、「息子にやる気がない」と断じてしまうわけだけど、やる気がないのではなく、ゴールが近すぎるのである。ゴールが近すぎると、最終ゴールまでに、何千ものゴール設定が必要になる。それが男性脳を疲弊させる。

ゴールは近くて小さいほど楽な気がする女性脳にとっては、ちょっとわかりにくいけど（17年も数学をやると言われたら、いっそ、今日やめたいと思うだろう）、男性脳にとってゴール設定は、めちゃくちゃ集中して、エネルギーを使うアイテムなのである。たとえそれが、「じゃんけんに勝つ」というような、小さな目標であっても。

というわけで、いっそ、遠くの目標を掲げよう。

母の憧れが、やる気の源

しかも、そこに「母の憧れ」を乗せてやると、より効果的である。

女性脳は、共感（自分の気持ちを見つめ、周囲の気持ちに寄り添うこと）を何より優先させている。

女性は、自らと大切な人たちの快感を常に思う。美味しいものを食べたい、食べさせたい。心地いい思いをしたい、させたい。美しものを見たい、見せたい。

「先の快感」で人生を回せたりもする。私の母は、軽いうつになったとき、「死にたい」と夜中に電話をかけてくることがあった。あるとき私が「お母さん、伊勢海老のお味噌汁、まだ飲んでないでしょ。海女小屋で食べさせてくれるやつ」と言ったら、「あ〜、そうね、食べに行かなきゃね」と言って、すんなり寝てくれたことがあった。

桜が咲いたら長命寺の桜餅、梅雨が開けたらかき氷。女性たちは、そんなささやかな快感をつないで、生きて行ける。

しかし、男性脳は、そうじゃない。こちらは、問題解決を感性の第一義としている。問題解決をして、成果を出すこと。責務こそが脳の欲するところである。

だから、定年退職してしまった男子は、よるべないのだ。長年の社会的責務から解放されて、脳というエンジンが回る理由を失ってしまうから。定年夫には、「責務」が要る。

私たちが住む東京下町には、祭りという大イベントがあって、町会という組織が活発に動いている。これがいい感じで、男たちの「責務」となっている。

究極のところ、男性脳は、自分の快感のために回るのではない。お金持ちになっていい暮らしをしても、それに憧れたり喜んでくれる人がいないと、いつまでもやっていられないはず。下世話な言い方をすれば、モテなければ意味がない。

というわけで、社会的責務を失った男性脳の傍には、「あれが食べたい」「あそこに行きたい」「これが欲しい」「これ、やって」と言ってくれる果てしない快感マシン＝女性脳が不可欠なのだ。

社会的責務を背負う前の若い男性脳にも、憧れてくれる女性脳が要る。気まぐれな若い女子にその大役を任せられないから、母がするのである。彼が運命のひとに出逢うまで、母の憧れが、男性脳を回す。

かつて、「お国のために、立派な兵隊さんになって」という、母の憧れ目線の「ゴール」に、男子は背筋を伸ばした。「大谷翔平、すてき」という、母の憧れが、野球少年を過酷な練習に駆り立てる。おそらく、男の子が決めるロールモデルは、そもそも母親が憧れ目線を向けた相手なのではないだろうか。

してみると、「母の憧れ」が、男子のやる気を育てる、と言っても過言ではない。男の母である私たちは、夢見る力を羽ばたかせよう。夢見る力満載の、およめちゃんが現れるまでは。

どんな子が一流になっていくの？

私の友人に、伊藤佳子《よしこ》さんというプロゴルファーがいる。その卓越した運動哲学で、N

HKのゴルフ教室にも出演するなど、指導者としても名を上げた方だ。

何年か前、ちょうど女子プロゴルファーの活躍が話題になった頃、伊藤さんと食事をした。「こういうときは、ゴルフ教室も人気でしょう?」と聞いたら、「そうね、幼児教室なんて、数年待ち」だと言う。

たくさんの子どもたちが、伊藤さんのゴルフ哲学に耳を傾ける姿を想像して、ふと、こんな質問が口をついて出た。「どんな子がトッププロになっていくの?」

伊藤さんは、即座に「誰にでもチャンスはある」と言い切った。「ゴルフは、全人的なスポーツだから。空中で4回転するわけじゃないから、特殊な身体能力が要求されることもないし」と。

でもね、と彼女は、真剣な顔で言い添えた。「こういう親の子だけは、一流になれない、という親だけはいる」

「それって、どんな親?」

人の子の親として、脳の機能性を追究する研究者として、私は聞き逃せないと思って、全神経を集中した。

彼女は、こう答えた。「それは、結果にコミットしすぎる親。親が結果に一喜一憂すると、子どもは失敗を恐れるようになる。親は、子ども以上にがっかりしたり、有頂天になってはいけないのよ」。

伊藤さんのことばは、私の胸を貫いた。

なぜなら、そのことばの意味するところは、私の人工知能研究にも深く関与していたからだ。

失敗は恐れる必要がない

人工知能には、学習機能がある。

成功事例を要領よく取り揃えて学習させると、学習時間は短くてすむ。ときに失敗させて、回路にショックを与えると、しばしば〝混乱〟して、学習時間は長くなる。しかし、戦略センスが格段に上がる。

失敗させない人工知能は、「定型業務」は確実にこなすが、「新しい事態への対応力」がいまいちだ。一方、失敗させた人工知能は、新しい道を拓《ひら》くことができる。人間と同じである。

要領よく詰め込んで、さっさと偏差値を上げて、責務に邁進《まいしん》できるエリートを作り上げるという手もあるが、じっくり時間をかけて、失敗をゆるし、開拓者・開発者を育てるのも、また、賢母の道である。

どちらを選んでもいいが、後者は大器晩成、ママ友のマウンティング合戦では、けっこう負けが込む。そこを気にしない精神力も蓄えておこう。

とはいえ、ときには、じっくり時間をかけて、失敗もゆるし、開拓者を育てたのに、ついでに成績もよくて、あれよあれよとエリートになっちゃった、という人材もいるから、びっくりだ。親子にキャパがあれば、両方を目指せる。

私たちの脳は、失敗して痛い思いをすれば、その晩、眠っている間に、失敗に使った関連回路の閾値《いきち》（生体反応を起こすきっかけの最低ライン）を上げて、神経信号を届きにくくさせる。つまり、その回路は「とっさに信号の流れにくい場所」になり、結果、失敗しにくい脳に変わるわけだ。

要らない場所を知ること。それは、脳をよくするための最高の手段でもある。一章にも述べたが、脳の仕事は「つど必要な回路の、すばやい選択」。要らない場所を知り、選択肢を減らすことは、センスのいい脳を作り出す。

失敗を恐れないこと。

それは、戦略力を蓄えて、冒険に出ていく男性脳を育てる母たちの、大事な素養である。

男の母には、勇気がいる

女性脳は、潜在的に失敗を恐れるように設定されている。

子育てに失敗は許されないからだ。狩りに出ていく男たちは、失敗しても自分が死ぬだけだ。遺伝子は残せる。女が子育てに失敗したら、未来が断たれる。脳は、生態系としての本質＝遺伝子の継承を知っているのだろうか。いや、自然に、「失敗を恐れない男」と「失敗を恐れる女」の組合せが、子孫の数をより増やしてこられたのだろう。失敗に対する恐れには、男女差がある。

このため、「失敗を恐れずに果敢に成長しなければならない男性脳」の最初のブレーキが、「失敗を恐れる母親」になってしまうことが、ままあるのである。

男の母たちには、勇気がいる。


我が家の息子はバイク乗りで、何万キロも走った。大学院の卒業旅行に、単身ネパールに渡り、バイクで山越えもしている。

その計画を聞いたとき（「ヒマラヤを見たいんだ。ヒマラヤは6千メートル級の山で、平地からはその頂が見えない。せめて2千メートルの山に登らないと見えないんだけど、バイクで登れるらしい」）、私はインターネットで検索してみた。ガードレールもない石ころの峠道を、小さく跳ねながらバイクが行く画像が見つかった。わずかな路肩の向こうは、断崖絶壁である。

私は、あわてて、期限が切れていたパスポートの更新に行った。なにかあったら、引き取りに行かなきゃならないからだ。

思えば彼の成人式の日、私は「今日から、あなたの命は、あなたのもの。母は、あなたを育てたことで、十分に楽しんだ。ここから先、母のことは気にしないでいい。冒険に命を賭けようと、その辺のお姉ちゃんに命を賭けようと、あなたの自由よ」と宣言したので、

「行かないで」と言う権利がないのである。でも、それまでに、小さな冒険と小さな失敗を山ほど重ねてきた彼に、私も信頼があった。

子どもを持つ友人たちには、「よく、そんな勇気があるわね。彼の勇気より、送り出すあなたの勇気に感心するわ」とあきれ顔で言われたけれど、私にとっては、彼の最初の冒険に送り出すときにふり絞った勇気を思えば、なんでもなかった。

恐怖のリミッターを外した日

中学3年の春休み。息子は、半年も前から準備を重ねて、100㎞ほどの自転車旅行に出かけた。今の彼から思えば、何ともかわいらしい冒険旅行である。

その日の明け方、私は、夢を見た。息子の自転車が、ダンプカーの後輪に巻き込まれる夢だった。私は、大声をあげて（あげたと思った）目を覚ました。外はまだ暗く、小雨が降っていた。

ふと見ると、リビングに灯りがついており、息子が準備体操なんかしている。私は、「行かないで」と叫びそうになるのを必死でこらえて、「雨だけど、行くの？」と聞いた。

彼は、にっこり笑って、「これくらいが自転車日和だよ。脱水症にならなくていい」と答えた。

玄関を出て行く彼の背中を、私は今でもありありと思い出せる。そして今でも、心臓が張り裂けそうになる。私は、腕を背中で組んで、抱き止めようとする自分を必死で制した。

そのとき、私にはなぜか確信があったのだ。優しい彼は、私が怖がって止めたら、きっと行くのをやめてくれるに違いない。けれど、その後もう二度と、冒険の旅には出ないだろう。母の恐怖がリミッターになってしまうから。このみずみずしい冒険心が失せてしまう。それは、たとえケガをしたとしても、男として失ってはいけない大事な何かだ、と。

彼を送り出した後、私は、玄関で体育座りをして、震えながら泣いた。大げさだとは思うけど、戦場に息子を送り出す母の気持ちを知った気がした。

今日も、世界中でたくさんの母が、息子を送り出すのだろう。戦場へ、危険な現場へ。震える手を背中に隠して。

母たちは、いのち丸投げで頼ってくれる息子をいつくしみ、大切に大切に育んだその命を、やがて息子に返さなければいけない。彼が命がけで果たす、彼自身の使命のために。

男の母であるということは、なんとも過酷なことである。

その朝、私は、世界中の「息子を持つ母」たちとつながった気がした。そういえば、いつだったか、世界最高峰のバイクレース（時速３００㎞を超える！）＝ｍｏｔｏＧＰのレーサーの母親が、毎回「ゆっくり走ってね。安全運転でね」と送り出すという話に笑ったけど、もう笑えない。

その日を境に、私の中で、何かが吹っ切れた。ネパールで山越えと言われても、万が一の後始末が考えられるくらいに肝が据わったのだ。

今では、およめちゃんがいるから、ちょっと安心している。「ふざけんな。私以外の何に命を賭けるわけ⁉」と叱って、体当たりで止めてくれるに違いないから。


男の母となったからには、震える手を自分で握りしめて、息子を送り出す瞬間が、きっとやってくる。ことの大小は関係ない。人によっては、公園で初めて息子が一人で遊具に向かったときかもしれない。はたから見て大したことがなくても、母として「恐怖のリミッター」を外す、偉大な瞬間である。

もちろん、無茶はさせない、準備は怠らないは、当たり前。その上で、最後に、母親の恐怖だけが増幅したとき、どうぞ、勇気をふりしぼって。世界中の息子を持つ母たちが、同じ思いをしている。その連帯を信じて。

ただ、ひとつだけ守ってほしいことがある。命がけの冒険に出る前に、小さな失敗をたくさん経験させてほしい。冒険の大きさによっては、「ひやりとして、ケガを伴う」中程度の失敗も何度か必要だ。失敗経験のない脳に、大冒険は担えない。

「確信」は「賞讃」よりずっと気持ちいい

失敗がくれるのは、センスだ。単なる成果じゃない。思いもよらない新事象に、腹落ちする答えを導き出せる力だ。

センスのいい脳でいられれば、迷いなく、答えが出せる。自分が腹落ちして、信じて、貫ける答えである。他人に認められる答えかどうかなんて、どうだっていい。だって、「確信」は、「賞讃」よりもずっと気持ちいい。迷わない、疑わない、拗《す》ねない、逃げない、他人の目が気にならない……そうやって生きられる気持ちよさは、あらゆる賞讃に勝る。

私が、息子に手に入れてほしかったのは、この「確信」であった。

「確信」が持てないと、「承認」や「賞讃」を求めて、「他人の思惑」を生きる人になってしまう。「他人の思惑」を生きると、永遠に「確信」に至らないから、さらに「承認」を求めて、心の飢餓地獄を生きることになる。

「確信」に至るためには、失敗を重ねないと。脳はそういうふうにできている。

だから、「失敗」を忌避したり、恐れたり、ましてや、子どもの失敗をなじったりすることは、考えられなかった。

ただし、失敗に「平気」でいてはいけない

失敗は、恐れることはない。しかしながら、「平気」でいていいわけじゃない。胸を痛めないと、脳が失敗したと認知しないので、回路の書き換えが起こらないからだ。

「あいつが悪い」「社会が悪い」「運が悪い」、うまく行かなかったことを他人のせいにすると、脳は「自分の脳に書き込むべき失敗」だと認知しないので、脳が書き換わらない。

せっかく痛い目に遭ったのに、あまりにももったいない。
私は、若い人に、「他人の失敗さえも、横取りしなさい」とアドバイスする。他人が100％悪くても、「私にもできることがあったはず」と悔やめ、と。そうすれば、他人の失敗も、自分の脳のセンスに変えられるからだ。

失敗してしまったら、潔く失敗を認め（他人の失敗まで横取りして）、胸を痛めること。とはいえ、後悔を引きずらなくていい。「今夜、頭がよくなる」と信じて、清々しい思いで寝てほしい。

失敗を恐れることはない、とは言っても、いのちがかかっていることや、プロとしての営みでは失敗はできないので、私自身は、趣味を持っている。失敗を増やすためのアイテムとして。つまり、お金を払って、失敗しに行くわけだ。
だから、常に「志は高く、結果に無頓着」。他人の目が、いっそ気にならない。社交ダンスも42年やってるが、ただただ機嫌よく過ごしてきた。たとえ、ナチュラルターン（たった2歩の基本ステップ）ばっかり1時間ダメ出しを食らっても、一秒だって気持ちが下がることがない。

「志は高く、結果に無頓着」というセンスは、人生のあらゆるシーンで役に立つ。ビジネスにおいては、いつの間にか企画が通り、事業開発が進んでいる。「いつの間にか」というのは「すぐに」という意味じゃない。失敗はそれなりに重ねるのだが、失敗を「そうか、そうきたか」なんて味わっているうちに、いつのまにかぽんと格上のステージに上がってしまうのである。脳が進化しているからだろう。

「志が半端で、結果に執着」（つまり、失敗を回避した一方で、結果にこだわる）だと、脳がセンスアップしないので、同じ場所を堂々巡りすることになる。


志高く、結果に無頓着（失敗にビビらない、他人の評価を気にしない）。ただし、失敗にはちゃんと心を痛める。夜は清々しい気持ちで寝る。

『英雄の書』と題して巻物にして、冒険の旅の荷物に忍ばせたいくらいの、人生の真髄である（実は、そのタイトルの本も既刊〔ポプラ社〕なので、社会に出る息子さんに贈ってあげてください）。

子どもが失敗したときの対処法

というわけで、失敗を恐れることはない。むしろ、歓迎したい。

失敗しないようにと、子どもを、追い詰めなくていい。

おとなは、子どもの前で、ときには失敗してやってほしい。子どもの前で素直に落ち込んで、弱音を吐いていい。子どもたちに、「失敗は普通にあること」を知らせてやるために。

さて、では実際に、子どもが失敗したとき、どうしたらいいか、である。

叱ったり、がっかりしないで、と言われると、どうしたらいいかわからないのでは?

「私も、〇〇してあげればよかった」と声をかけるといい。

たとえば、模擬試験の前の日、「寝る前にちゃんと用意して。必要なもの、確認してよ」と言ってるのに、朝になって、「たいへん、スリッパが要るんだって!」とか言ってきて、母親をあわてさせたとき。

「だから、言ったでしょ！」と怒鳴りたくなるシーンだが、ここはあえて、「ママも、一緒にプリントを見てあげればよかったね」と言いつつ、スリッパを探しに走る。

このことばは、失敗を共有することになるので、この瞬間、母は「胸の痛みを分かち合ってくれた人」になるのだ。

この世に、胸の痛みを分かち合ってくれる母ほど、大切なものはないのでは？

失敗、しめたもの、である。

親が失敗にビビると、子どものやる気が減衰する

教育熱心な親が、「あなたは、あのときも、このときも、これで失敗した。次も失敗するかもしれない、気をつけなさい」なんていうのを聞くことがあるが、残念ながら、この子は、十中八九失敗する。

失敗回路が活性化したまま、現場に送り込まれるのだから。

失敗にビビる指導者がついていると、人材は育たない。

親のビビりに共鳴すると、子の脳は、ビビりのホルモン・ノルアドレナリンを分泌しやすくなる。ノルアドレナリンは、脳の信号を減衰させるホルモンだ。いわば、脳のブレーキ役。つまり、過去の失敗を蒸し返されると、やる気の信号が減衰してしまうのである。

本番前に失敗についてぐずぐず言われた人は、本番に失敗する可能性が上がるだけじゃなく、やる気もキープできないのだ。

親が失敗にビビったあげく、「やる気がいまいち」と責めるなんて、自分でブレーキ踏んでおいて、「スピードが出ない」と毒づいているドライバーのようなもの。子に罪はない。親の責任である。

親がまず、成果主義から、自分を解き放とう。

失敗に苛立たず、成功に有頂天にならず、胸の痛みを分かち合う。失敗したときだって、「あの戦略はよかった」「あきらめないあなたを誇りに思った」と褒めてあげればいい。

稀代の天才、藤井聡太棋聖は、「将棋を指す以上、勝敗はついてまわる。一喜一憂してもしょうがない」と語っている。この境地に、子どもを育ててやるべきなのだ。

第五章　「エスコート力」の育て方

男と生まれたからには、エスコートができなくては。

見守り、抱き上げ、ごはんを作り、喜びそうなことをさまざまに考えついては実行し、優しいことばを与え、軍服がかっこよくて、颯爽とバイクに乗って現れて、銃弾の盾になって守ってくれる、『愛の不時着』のリ・ジョンヒョクのように。

2020年に一大ブームを巻き起こした、このドラマのことを、この本では、何度も語って申し訳ないけど、実は、主人公のリ・ジョンヒョクが「うちの息子にそっくり」なので、言わずにはいられないのだ。

顔じゃない。そのエスコート力が、である。

主演男優のヒョンビンの演技がまたうまくて、完璧なエスコートを1ミリもキザに感じさせず、純朴な風情でやってのける。

純朴にして、パーフェクトなエスコート。「母も惚れるいい男」は、こうじゃなくっちゃね。

世界では、エスコート術は、母親が仕込むことになっている。

日本では、あまり教えない。

というわけで、最後は、エスコート力の育て方である。

ことばのエスコート

エスコートの基本は、共感力である。

相手の思いを察して、優しいことばをかける。相手の所作を感知して、手を差し伸べる。それだけ。

しかしながら、男性脳には、これが本当に難しいのだ。

ここまで述べてきたように、男性は、とっさに「遠く」を見る、客観優先の脳で生まれてくる。

思考スタイルは、ゴール指向問題解決型。目標に照準を絞って、問題点を洗い出し、ゴールを急ぐ。このため、対話は「いきなり相手の弱点を突く」から始まることになる。

対する女性は、「近く」を満遍なく舐《な》めるように見る、主観優先の脳で生まれてくる。

思考スタイルは、プロセス指向共感型。感情をきっかけに、過去の記憶を次々想起して、深い気づきを生み出す方式だ。このため、対話のはじまりは、一方が「感情」や「過去の出来事」を語り、もう一方が「共感」で受けるのがセオリーだ。

「共感受け」が不文律の女性脳に、「いきなり弱点を突く」が定石の男性脳（！）無頓着に会話していたら、満ち足りたコミュニケーションができるわけがない。だから、こんな会話になってしまうのである。

女性「今日、こんなつらいことがあって」
男性「あ～、きみも、詰めが甘いからな」《問題点の指摘》
女性「……」
男性「いやなら、やめればいいじゃないか」《問題解決》

もちろん、女性の理想は、次の通り。

女性「今日、こんなつらいことがあって」
男性「あー、それは、悲しいよね。きみは、優しすぎるんだよ。世の中には、ぴしっと言わなきゃ、わかんない鈍い奴もいるからね」《共感》
女性「私もタフにならなきゃね」
男性「いや。今のままでいいよ」《承認》
女性「♡」

前者は、たしかに問題解決の1案が提示されている。後者は、対話における明確なゴールは見えない。男性脳的には0点の対話なのだろう。

しかし、「心が通ったかどうか」では、前者はゼロどころかマイナス、後者は満点どころか120点である。

男女の会話は、心さえ通じれば、問題解決にもなる。

恋人の優しさで包まれた女性は、きっとタフになって、「詰めが甘い」から脱出する。

結局のところ、本質的なゴールにたどり着くのである。

肩を抱いたり、腰を支えたわけじゃないが、ことばによる上質のエスコートだ。

共感力を身につける適齢期がある

こういう対話を交わせる男性はモテるし、一緒にいる女性は、ことばのエスコートを受けて、強くなれるし、美しくもなれる。

双方にとって利のある、とても喜ばしいことなのに、現実にはなかなかそういう男子にお目にかかれない。

というのも、思考や対話のスタイルは、本能の領域に属していて、とっさに出力してしまうものだからだ。気がついたときには、もう口に出してしまっている。無意識の信号を、意識的に軌道修正するのは、なかなかに困難なことなのだ。

もちろん、不可能じゃない。私はあきらめていない。だから、オトナ男子たちの軌道修正のために、『妻のトリセツ』を書いた。

オトナ女子たちに、夫の軌道修正を促すコツを書いた本、『夫のトリセツ』も出版されているので、夫婦関係を何とかしたければ、ぜひ二冊併せて、ご一読ください。

さて、この本のテーマは、息子の脳である。

実は、息子の脳については朗報がある。

男性脳は、とっさに「遠く」を見る、客観優先で生まれてくるが、思考スタイルがゴール指向問題解決型に強くフィックスするのは、思春期のころなのである。

それまでは、母の誘導によって、いとも簡単に、共感型対話も交わせる。

要は、13歳までに、母親と共感型対話の訓練ができていれば、自然に、ことばのエスコートができるようになるってことだ。

母親は、意外にもゴール指向問題解決型

なのに、なぜ、日本の男子はこれができないのだろう。

答えは簡単だ。この国の母たちが、息子相手に共感型の対話をしていないからだ。

さっきの会話を思い出してほしい。母と息子の会話になぞらえてみよう。

息子「今日、こんなことがあって」
母「あ～、あんたも、ぐずぐずしてるからね」《問題点の指摘》
息子「……」
母「いやなら、やめちゃえば？」《問題解決》

息子「今日、こんなことがあって」
母「あー、それは、つらいよねぇ。そこは、はっきり言っていいのでは？」《共感》
息子「うん、次はそうする」
母「がんばってね。あなたなら大丈夫」《承認》

日頃、どちらをやってますか？
案外、前者を使っているのではないだろうか。同じことを夫にされたら、けっこうムカつく会話を、つい息子と。
そうすると、息子が、ことばのエスコートができない夫となって、その妻がまた……この輪廻《りんね》は、どこかで断ち切らないと、永遠に続いてしまう。

というのも、男子は、基本的に、母親から「ことばのエスコート」を教わらないと、他にチャンスがないからだ。男同士は、ゴール指向問題解決型で話をするからね。

息子と話が弾まない？

あるとき、8歳の男の子を持つ女性から、相談を受けた。

息子とうまく対話ができない、と、その方は切り出した。「息子は私よりパパのほうが好きで、私なんていなくてもいいみたいなんです」と涙ぐみ、うつむいてしまった。

若くてきれいいいな、お姉さんのようなママ。8歳といえば、母親と話したい盛りなのに、どうして？　と疑問に思った私は、「学校から帰ってきた息子さんに、なんて言って、話しかけてます？　たとえば、昨日はなんて？」と尋ねた。

すると、「学校どうだった？　早く宿題しなさい」だと言う。

ん？　「学校どう？」に、何を答えてほしかったのだろう？　家に帰って、いきなり「会社どうだった？」と家族に聞かれても、私もスルーしてしまうかもしれない。

実は、「学校どう?」のような5W1H型の質問は、要注意なのだ。

5W1Hとは、Who（だれ）、When（いつ）、Where（どこで）、What（なにを）、Why（なぜ）、How（どのように、どう）で始まる質問のこと。「何してるの?」「学校、どう?」「どこ行くの?」「これ、いつ買ったの?」「なんで、ここに置くの?」……これらは、家族の気持ちを尖《とが》らせる合図、ボクシングのゴングのようなものである。

というのも、5W1Hは、スペック確認の質問。ゴールを目指し、結論を急ぐ、ゴール指向問題解決型の王道を行く話法だ。脳は緊張し、心は一切通わない。

もちろん、スペックを確認したくて尋ねているのならしかたないが、心の通う対話がしたくてこの話法を使ったのなら、まったくの逆効果である。

考えても見てほしい。「学校どう?」「宿題やったの?」なんて、帰宅した夫がいきなり、「今日何してた?」「めし、できたのか?」と聞くのと、寸分たがわない文脈なのである。

私は、いきなりの5W1Hを、対話クラッシャー（つぶし）と呼んでいる。

5W1Hの威嚇効果をなめちゃいけない

このように、威嚇《いかく》する気がなくても、威嚇したように聞こえる5W1Hである。

当然、不満をぶつける気で言ったのなら、威嚇効果はさらに倍増だ。


放置されていた汚れたコップを持ち上げて「これ、誰?」「なぜ、やらない?」「どうして、○○できないの?」「だから、言ったじゃないの。なんで、言うこと聞かないの?」

言いたい気持ちは、わかるけど、それを言ったからといって、素直に反省して、優しいことばを返してくれる人間がこの世にいるだろうか。

家族や部下の気持ちを尖らせて、ふたりの間にギスギスした、いや〜な感じが漂うだけだ。結局、何も得るところはない。言い損である。だとしたら、言わないほうがいいのでは?

「どうして？」を「どうしたの？」に変えよう

こんなとき、「どうして、やらないの（できないの）？」の代わりに、「大丈夫？　どうしたの？」を使うといい。

「どうして、宿題やらないの？」じゃなくて、「大丈夫？　立て続けに宿題忘れてるけど、どうしたの？」と尋ねるのだ。

「どうして、宿題しないの？」は、息子の怠惰を責めているが、「大丈夫？　どうしたの？」は外部要因を疑っている。何とか工夫できないか、ともに善後策を測ろうとする優しさを伴っている。

「どうして、宿題しないの？」に、「忘れちゃうんだよ」と返されたら腹が立つが、「大丈夫？　どうしちゃったの？」に「忘れちゃうんだよ」と返されたら、「忘れないようにするには、どうしたらいいだろうね」と建設的な対話に持ち込める。

「どうして？」と「どうしたの？」、わずかに違う語尾が、母と子の明暗を分ける。たかが、ことば、されど、ことばである。

母たちの気持ちが尖っている理由

女性には本来、共感型回路を優先して、心の対話を展開しようとする本能が備わっている。なのに、今の日本の家庭では、家族の対話が問題解決型に偏っているのである。

理由は、日本の子育てが、「ゴール設定」に満ちているからだ。ごはんをさっさと食べさせて、宿題をやらせて、風呂に入れて、翌朝、無事に送り出す……という短期目標。試験に合格させるという中期目標。立派なおとなにするという長期目標。いくつもの目標が、私たち母親の前に立ちはだかる。

かくして、「宿題やったの?」「学校どう?」「どうして、プリント出さないの!」という、問題解決型の対話だけで、日々が過ぎ去り、いつの間にか息子は大きくなって、家を出てしまう。

これ、実は大問題なのだ。おとなになった息子と、楽しい会話ができない。息子の家庭もまた、問題解決型に偏ってしまう。

13歳が分岐点

男の子は、13歳までは、自然に共感型の対話をするが、13歳を過ぎて、男性ホルモン・テストステロンの分泌最盛期に入ると、一気にゴール指向問題解決型にシフトする。

昨日まで、「ママ〜、こっち見てよ」なんて言ってたのに、「はぁ？ 見ないでいいよ」とか言ってくるのは、何万年も連綿と続いてきた、男性脳の成長の証《あかし》なのだ。

このスイッチが入る前に、家を「共感型対話の場」にしておけば、自然に両方使える男子になる。「ことばのエスコート」力が身につく。

それは、ひとえに母の手腕にかかっているのである。


もう間に合わない〜と、嘆いたあなた。大丈夫です。ちょっとやりにくくはなるが、母に不可能という文字はない。

第三章にも書いたが、男子のテストステロン分泌量は10代半ばがピークで（生殖器官の成熟を促す働きを担うため）、18歳くらいからはやや落ち着く。

テストステロンは、主に下半身に働くが、脳にも影響し、強い目的意識や闘争心を喚起するど言われている。13歳くらいから数年間、男子が扱いにくくなるのは、「優しい息子」から、いきなり「荒野に躊躇《ちゅうちょ》なく出ていける、狩人の脳」に変わったからである。

そんな扱いにくい状態でも、母親の優しいことばは胸にしみる。彼らの反応がどうであれ、気にしないで、この本のアドバイスを実行してほしい。拒絶があまりにひどいようなら、焦らないで、時間をおいてまた再度チャレンジすればいい。ホルモンの分泌には日々のむらがあるし、18歳になれば、全体に落ち着いてくる。

結局のところ、男の子は、どんなに尖った年代でも、母親には優しい。

恋人や妻が、ゴール指向問題解決型の男性脳を無理やり共感型にシフトするより、母親がしてやる方が、ずっと容易なはずだ。

13歳までなら、自然にやれる。13歳以降は、少しはギクシャクするし、時間もかかるが、やれないことはない。息子を冒険に送り出す前の、母親の責務である。がんばって。

心の対話の始め方

というわけで、息子と、心の対話を交わすコツをお話ししよう。

まずは、「いきなりの5W1H」は、家庭内では使用禁止としてほしい。

ただし、「ケチャップはどこ?」「授業参観、いつだっけ?」のような、質問者本人のアクションに直結する質問と、「どうして?」の代わりに用いられる「どうしたの? 大丈夫?」はその限りではない。

話しかけ方には、6つの方法がある。

1、褒める

「それ、いいね」「カッコいいじゃん」「そんなこともできるの?」「あなたの好きな曲?センスいいね」「あなたは、足が長いのよね」「そのジャケット姿、めちゃクールよね」など、恋人のように褒める。

私は赤ちゃんの彼にも、「あなたはほんっといい男ね。こんな子が、私のところに生まれてくるなんて奇跡だわ。ママのところに生まれてきてくれて、本当にありがとう」と声をかけていた。心からそう思ったから、そう言い続けてきたのだけど、息子は、中学生のとき、「ハハ、おいらは、どうも、いい男っていう部類じゃないみたいだよ。わかってる？　大丈夫？」と、私の審美眼を気遣ってくれたっけ。

2、ねぎらう

がんばった息子を、「よくやったわ」「がんばったね」「たいへんだったでしょ」「寒かった（暑かった）でしょう？」「重かったでしょう」などとねぎらう。

私は、保育園のお迎えが約束より遅くなったときは、「心細かったでしょう、ごめんね」と声をかけた。このことばは、はるかに時を超えて、息子から返ってきている。ツーリング中の息子と、やっと電話がつながったとき、「心配したよね？　心細かったでしょう、ごめんね」と言ってもらったりして。

3、感謝する

「宅急便、受け取ってくれてありがとう」「買い物、付き合ってくれてありがとう」「お米、運んでくれたの！　助かる〜」など、してくれたことを感謝しよう。

感謝のことばも、やっぱり、返ってくる。「美味しいごはん、ありがとうね」「スーツ、かけといてくれたんだね、ありがとう」のように。

4、自分が見たこと、感じたことを話す

自分に起こった、なんでもない出来事をプレゼントすると、それが呼び水となって、相手が自分の気持ちを語り、心の対話が紡がれていくことがある。

本当に何でもないことでいい。

「あそこの土手の桜、もう蕾が膨らんでいたよ」

「今日はすごい雨だったね」

「今読んでいる時代小説に出てくる料理が美味しそうでさ」

「このCMの曲、若いときにめちゃくちゃ流行ったんだよ」とか。

スルーされても気にしないこと。男性脳相手では、こういうモノローグ（独り言のよう

なセリフ）は、相手の心の琴線に触れたときだけ、返事がある。何回かに一回、温かい交流がある、で、よしとして。

5、頼りにする

「カレーの味、見てくれない？」「今日のお鍋、なに入れようか」「リモートミーティングには、どのアプリがいいかな」「ここに本棚を置くなら、何色がいいと思う？」などと、ちょこちょこ頼りにするのもいい。

社会的事案について意見を聞くのもお薦めだ。

「9月新入学って、実現できるのかな？」「トランプ大統領、どう思う？」みたいな、社会的事案を話題にする。

家事や家族問題から、脳をいったん切り離すことができて、意外に話が弾むことがある。

6、弱音を吐く

母親だって、「つらいから、なぐさめて」「疲れたから、動けない」と言っていい。抱きしめてもらったり、絵本を読んでもらってもいいのである。

そもそも、「心が通う」って、どんな瞬間だと思いますか?

脳は、インタラクティブ（相互作用）で活性化するようにできている。

これは、自分と相互作用を起こすものを瞬時に見抜く、脳の認知機能の基本構造に起因している。誰か（何か）にアクションを起こして、その誰か（何か）がよい変化を見せると、脳の快感は最大値になる。つまり、脳の機能性から言えば、「親切にされる人」より、「親切にした人」の脳のほうが幸せってことだ。

人は、大切なひとの長所（強く美しいところ）に惹かれるが、弱い部分に魅せられて、離れられなくなるのである。恋が愛に変わるとき、と言ってもいい。したがって、自分がいなければ生きていけないという存在ほど、甘美な存在はない。

生まれたての我が子を、かいなに抱いた日の気持ちを思い出してみてほしい。その人生のすべてを母にゆだねて、すやすやと眠っている幼子に感じた、あの甘やかな気持ちを。

その快感を、息子にもプレゼントしよう。

あなたがいなければ生きて行けない

母親が、自分を頼りにしていて、たしかに自分の存在が母親を生かしていること。息子は、それを知らなくてはいけない。

母親にしてみたら、あまりにも当たり前で、言わなくても伝わっていると思いがちだが、親子の間でも、愛なんて、ことばにしなければ伝わらない。

そりゃ、だらしなくて愚痴と弱音だけの母親は問題だけど、がんばっている母親が、自分にだけちょっと弱音を見せてくれるのなら、きっとチャーミング。その弱みが、ふたりが心を通わせるフックになる。

ときには、「強く正しいママ」「教え導くママ」を外れてみてはいかが？

私は、よく弱音を吐いたし、「あなたがいなければ生きて行けない」とことばでも伝えた。息子は、高校生のとき、自転車でトラックに接触しそうになったとき、「母やおばあちゃんたちを残して死ねない」と強く思ってハンドルを切ったと言っていた。いい刷り込みである。何があっても、生きて帰ってらっしゃい。

母という聖域

息子が5歳だったある日。

私が、原稿が書けなくて、床に転がって悶々《もんもん》としていたら、息子が「大丈夫？」と飛んできてくれて、抱きしめて、背中をとんとんしてくれた。そうしたら、不思議なことに、エッセイが一本、すらすらと書けたのである。

笑顔で感謝したら、以来、それが彼の神聖な責務になった。「原稿が書けない」と言うと、儀式のように、飛んできて、抱きしめてくれるのだ。実は今でも。

大学生のとき、夜中に電話してきた息子が、私の声に元気がないと心配してくれたので、正直に「原稿が書けなくて」と答えたら、「今からバイクで駆けつけようか？」と言ってくれたこともある。下宿先からは、2時間の道のりである。さすがに「大丈夫よ」と止めたけど、電話を持ちながら、既に歩き始めた気配が伝わってきて、私は胸が熱くなった。

さほどに、男子の使命感とは一途なものだ。うちの息子に限ったことじゃない。息子の友人たちの、お母様への思いや尽くし方だって、はたで見ていれば超半端ない。たぶん、自身の母親にはあまりことばでは表現していないとは思うけど。

男の子には、心の中に「母」という聖域がある。そうとしか思えない。まぁ、そうだよね、なんたって、脳の仮想空間の最初の座標軸原点なのだから。

男が「庇《かば》ってあげなければいけない人」をもつことは、エスコート魂を手に入れる必須条件でもある。

5歳のあの日から、息子にとって、母とは、「自分が抱きしめてあげないと原稿の書けない人」になった。

すると、他の場面でも、リーダーシップを発揮するのである。小学生だった彼の前で「企画書、書くの、億劫《おっくう》だ～」とごねたら、「僕も宿題するから、一緒にやろうよ」と言ってくれて、テーブルの上を片づけてくれ、ノートパソコンを開いてくれたりもした。

私は幼い日に母に甘えたように、息子に甘えるときがある。かけがえのない、至福の時間だ。

複数の息子を持つ人は、それぞれの子に、神聖な責務をあげてほしい。

それをいったん決めたら、他の子に気軽にさせないくらいの覚悟で。

日曜の朝は、お兄ちゃんの目玉焼きを食べるとか、ママが落ち込んだときは、弟がピアノを弾くとか。得意なことを拾い上げて、それを習慣化して、「神聖な責務」としよう。それは、母と息子をつなぐ心のフックであり、「ことばのエスコート」を身につけるトリガー（きっかけ）になる。やがて、その「ことばのエスコート」力は、彼の大切な女性を照らすことになる。

女性たちの着席を見守る

所作で行うエスコートマナーの筆頭は、「女性が座るまで、座らない」である。

1999年、私は、8歳の息子と一緒に、ヨーロッパ出張に出向いた。当時、私がプロデュースしていたヴィオラのソリストが、クロアチアの国家プロジェクトに呼ばれて、世にも美しい城塞都市ドゥブロブニクで演奏することになったのである。私は2週間も息子と離れていられなくて、彼を同行することにした。

ウィーンやザグレブ、ドゥブロブニクで、私たちは、音楽関係者やその家族に会ったり、街を散策したりした。そこで見たのは、母親や祖母をエスコートする男の子たちだ。レストランやコンサート会場で、就学前の幼い男の子でも、けっして我先に座ったりしない。同行するすべての女性の着席を優しく見守ってから、納得したように座るのである。

あれは、ことのほかカッコよかった。椅子を引くわけじゃない。そんなことは、レストランのスタッフがする。ただ、見守っているだけ。大切なひとが無事に座ることを、そして座った椅子が快適であるかどうかを。

不思議なことに、「着席を見守って、納得するように座った者」が、その場のリーダーに見えてくるのである。たとえ、5歳であろうと。

自然に、我が家の8歳児も、それを踏襲してくれた。

世界に通用するエスコートマナー

やがて、私は、その所作が、すべてのエスコートマナーに通じることを知った。

着席を見守る癖がついた息子は、自然に、車の乗り降りをしたり、階段にさしかかった私の足元を見守ってくれるようになった。

ハイヒールで階段を下りはじめるときは、先に2～3段下りて、半分ふり返るようにして、私が無事に一歩踏み出すのを見届けてくれる。不安そうにしていると、腕を差し出してくれる。ロングドレスを着ているときは、階段の上りはじめも見守ってくれる。私もそれを知っているから、不安なときは、階段のきわで歩みを止めて、彼を振り返る。軽くうなずいてくれる彼は、ほんとナイトのようだ。扉の前で立ち止まれば、当然、扉も開けてくれる。

ヨーロッパの男子たちが、ごく普通にやってのける洗練されたしぐさ＝エスコートは、すべて「見守り」から始まっているのである。腕を差し出すとか、椅子を引くとか、そういう末端のアクション話じゃない。

実際、ヨーロッパでも、女性に、四六時中腕を差し出しているわけじゃない。見守って、彼女が不安そうにしたら、さりげなく手を貸すだけ。

そのポイントは、その日の彼女の靴やドレス、あるいは年齢によっても違うけど、おおむね、「座るとき」「立つとき」「階段の下りはじめ」「階段の上りはじめ」「ドアを開けるとき」に限られる。これに「エレベータに乗る女性を見守る（扉に気遣って、ボタンを押してやる）」と「飛行機の通路を譲る」「コートを着せてやる」の3つを加えれば、もう、世界中、どこへ行っても恥をかくことがない。息子を世界に送り出す前に、教えてあげよう。
コツは、着席の見守りから始めることだ。たとえ、ファミリーレストランであっても。
それが習慣になったころには、他の所作が自然に出てくることになる。

なお、エスコートされる側にも、され方がある。とにかく、どんな行動もエレガントに。行く方向に、胸を向けて、ゆっくりと歩きだす（顔だけひょいっと向けて、前かがみで突進するのではなく）。階段の前では減速する。座る前には、いったん立ち止まって、自分のナイトとアイコンタクトしながら座ること。
前かがみにガガガっと突進されると、どうにもエスコートする隙がない。あげく、椅子にどすんと座られちゃうと、見守っているほうが情けなくなる。

コートを着せてもらうときは、両腕を、まっすぐ後ろに突き出して、堂々としていること。男性が、この突き出された「二本の棒」に、袖を通し、肩まで持ち上げるのである。男性がコートをただ掲げてぼうっと立ち、そこに女性が自ら背を向けて、一本ずつ腕を通し、肩を押し込むのは、実は間違い。所作が美しくないし、意外に時間がかかって、埃《ほこり》も立つ。

あー、いつか母と子のエスコート教室をしたいくらい。文章で伝わるといいのだけど。

料理のできる男

ここのところ、第三次韓流ブームに乗っかって、次々に人気ドラマを観ているのだが、何にびっくりしたって、ヒーローたちが料理をすること、すること。

先週見たドラマでは、大韓帝国（パラレルワールド＝別世界という設定）の皇帝が、美しい軍服礼装で、本格料理を作って、愛するひとに振る舞っていた。この本で、何度も登場する『愛の不時着』のリ・ジョンヒョクも野戦用の軍服姿で、次から次へ料理を作って、ヒロインを喜ばす。

しかし、なぜ軍服？　軍服と料理というギャップがセクシーなのか。

大切なひとを襲い掛かる敵から守り抜き、あらゆる癒しを与えて、美味しい料理を振る舞う。これが、21世紀のヒーローたちだ。つまり、料理もエスコートの一部なのである。

だいたい、私が観たここ数本のドラマすべてで、ヒロインは料理ができないし（微笑）。

というわけで、ここのところ、よく尋ねられるのが、「どうしたら、息子を料理上手にできますか?」である。

実は、男性脳は、本来、料理が得意なはずである。高い空間認知力と運動能力によって、料理の所作をマスターしやすい。

「美味しい」に敏感、すなわち「自分の好きな味」に明確に反応するのは女性のほうだが、「味を客観的に捉えて、比較評価する」ことに関しては、男性脳が勝る。プロの料理人に、圧倒的に男性が多いのは、そのせいじゃないかしら。

この違いがあるから、男子たちの誉め方は、いまいち腹立たしいのである。「なかなか、いいと思うよ」みたいに言うでしょ。「塩加減、よくなったね」とか。

誰が客観評価してくれって言った? 「美味しい」「嬉しい」「こういうの、食べたかった」という主観のことばを、まず言ってほしいのに。

こうして、男女の脳では、料理の捉え方が微妙に違うものの、どちらも料理上手になれる。

実は、我が家のメインシェフは、息子である。

彼の料理で私が一番好きなのが、鹿のローストなのだが、今まで食べたどのシェフの鹿肉より（中にはミシュラン星付きシェフもいたのに）、彼のそれのほうが美味しい。

下宿していたころ、「今週はキャベツが安かったから、キャベツ料理を3つ考え出したよ」なんて言ったりもしていた。一人でも、お金がなくても、ちゃんと料理を楽しむ姿勢には脱帽する。残り物を使い切る天才でもある。

息子をシェフに仕立てると、一緒にキッチンに立てて楽しい。買い物戦略も二人で立てるので、会話も増えるし、ときには買い物にも誘ってもらえる。

なにより、料理する人の工夫も苦労もわかっているので、「これ、仕込み、たいへんだったでしょ。美味しいよ！」と感謝のことばも具体的で、張り合いが出る。息子を料理に巻き込むのは、超オススメである。

それに、うちのおよめちゃんが息子に惚れた理由の、けっこう上位に、この料理上手が入ってると思う。料理ができる男子は、デキない男子より、同程度のイケメン度なら、絶対モテる。

姑のお手柄

彼の味覚を最初に作ってくれたのは、黒川の母である。

1991年、彼が生まれたこの年はバブルの絶頂期で、社会の〝歯車〟が、高速フル回転している感じだった。コロナ禍でおっとりと止まったような今とは真逆の時代だ。私が開発した「日本語をしゃべる女性ＡＩ」も、全国の原子力発電所で稼働したばかり。そうそう休んではいられず、生後3か月の彼を置いて、ビジネスの戦場に戻った。

黒川の母は、二つ返事で、息子を引き受けてくれた。「これでやっと、私も子育てができる」と満面の笑みで。母は、職人の女房として、自らも工房に立った。職人の家では、若くて目のいいお嫁さんはメインの働き手で、子育ては、おばあちゃんが担当する。母は、孫息子との蜜月を、本当に楽しんでくれた。母への感謝は、筆舌には尽くしがたい。

その母は、半日戻した干しシイタケと、昆布、直前にカリカリと削ったかつお節で、だしを取った。毎日の欠かさない日課である。そのだしで超薄味に煮つけた白身魚（カレイ、ヒラメ）が、息子が人生最初に口にした離乳食だった。

私は、母の料理が、彼の味覚を初期化したと信じている。息子は私よりもずっと味覚が確かで、このシステムを私が作ったとは思えないからだ。

ちなみに、私は、実家の母譲りのあごだしとかつおだしのブレンド（2種類のだしパックを使うだけだけど）、息子は、かつおだしに昆布を足す。鍋のときは、それに、半日戻した干しシイタケを盛大に足す。彼は意識していないようだが、黒川の母の味がする。懐かしくて、涙がこぼれそうになる。

となると、もしも生まれたら、孫息子の味覚は、私が初期化するのかも。料理教室に通っておこうかな。


さて、では、どうやって、男子を料理上手にするか。

これはもう、親が食べることや料理を楽しむ、に、尽きる。本好きへの道と同じだ。親が楽しそうに料理しているから、料理に手を出す。美味しそうに食べているから、食べる。おばあちゃんが愛しそうにだしを取っているから、同じように時間をかけてだしを取ることを厭《いと》わない。ただ、それだけ。

残念ながら、小手先の近道はないような気がする。

いつだったか、息子の食が細くて悩んでいる、というお母さんの相談に乗ったことがある。

食事に集中できるように、おもちゃを片づけさせ、テレビも消し、カーテンを引いて、つきっきりでいられるように、自分は食べずに脇に座ってサポートしている。なのに、子どもは食べない、と。

私は身震いをしながら、こう言った、「お母さん、それ、自分に置き換えてみて。夕方のある時間になると、母親が怖い顔をしておもちゃを取り上げてしまう。シャッとカーテンが閉められ、テレビが消される。で、ごはんが出てくる。お母さんが思いつめたような顔をして、詰めよってくる。毎日毎日よ。そんな恐ろしい食事タイムってある？」。

その方は、「あ〜、確かに。食事がトラウマになりますよねぇ」と納得してくれた。

禁じられたピアノ

料理に限らず、子どもに何かさせようとしたら、親がまず楽しむことじゃないだろうか。

ショパンコンクールで入賞したロシアのピアニストと話す機会があって、「どうしてピアニストになったの?」と尋ねたら、「両親が音楽家で、家に楽器が溢れていたから」と答えた。

彼は3人兄弟の末っ子で、両親は、兄と姉に音楽の英才教育を施していたが、末っ子には楽器を教えることもなく、意図的に楽器から遠ざけたのだそうだ。一人くらいは音楽家じゃない道を、と考えたという。彼は、隠れてピアノの鍵盤をたたいて遊び、結局、家族の中で一番評価を受けた演奏家になった。

両親や兄姉が演奏を楽しむ姿が、僕を導いた、と彼は語った。

「押し付け教育」されず、「禁じられた」ことも大きかっただろう、と、私は思った。禁じられれば、かえって好奇心が増すのが人情だ。「この扉(ふた)だけは開けちゃいけない」と言われて、開けて大ごとになるファンタジーが、この世にどれだけあるかしら?

習い事のように強要されず、当たり前のように目の前にあるもの。禁じないにしても。それが、案外、子どもに渡してやれる最たる「才能」なのだと思う。

自然に目に入り、触れて味わい、やがて好奇心が溢れて、自らその一歩を踏み出したことに、脳は最大のセンスを発揮する。脳の機能構造から見れば、自明の理だ。

我が家の息子は、その最たるものが料理だったのだと思う。そう考えてみれば、料理のセンスで仕事をこなし、料理のセンスで家も作る。そんな感じだ。

習い事もいいけれど、日常、自然に触れるセンスのほうが深く脳に関わってくる。

――あなたの息子さんは、日常、何に触れていますか？

トム・ソーヤ作戦

私が子どものころ読んだ本の中に、忘れられないシーンがある。児童小説の不動の一冊、『トム・ソーヤの冒険』の中の一節。

主人公トムは、ある日、父親に家を囲む壁のペンキを塗れと言われる。広い壁に、ひとりぼっちで延々とペンキを塗る一日。遊び友達がからかいにやってきて、うんざりした彼は、はたと思いつき、いっそ楽し気にペンキを塗る「演技」をしてみせる。

すると友人たちは羨《うらや》ましくなって、「ちょっと塗らせて」と言い出すのである。トムがしぶると、彼らは貢ぎ物を捧げて、さらに懇願。トムは、しぶしぶ（のふりをして）、少しだけ塗らせてやるのだった。

「やっと手に入れた権利」としてのペンキ塗りは楽しくて、友人たちは他の子にも言いふらし、次々に子どもたちがやってくる。トムは、人気者になったうえに、貢ぎ物もせしめて、父親に褒められた、というお話。

この「発想の転換」は、衝撃的だった。

以来、私は、人を巻き込もうと思ったら、演技ででも楽しいふりをすることにした。仕事のプロジェクトしかり、家事しかり。けど、楽しいふりは、やがて脳に本当の「楽しい」を連れてくる。今では、楽しいふりをすることはない。自然に楽しい。


というわけで、夫と家事育児をシェアするときは、「嫌な義務」を押し付け合うのではなく、「楽しいことにジョインする」態で。洗濯は、この作戦で、今や彼の担当になった。

息子を料理にジョインしたかったら、もちろん、トム・ソーヤ作戦で。

母親（父親でも祖父母でも当然いい）が楽しそうに料理する、が、まずは基本。「ひゃ〜、このトマト、美味しそう」「今日は、みんなの好きなナスのカレーよ」と嬉しそうにつぶやき、「これ、混ぜて」「ちょっと、味見して」と自然に誘い込む。

成果が出れば、褒《ほ》めることも忘れずに。「あなたのおかげで美味しくなったわ」「才能あるね」などと。

そんなふうにして「料理の情景」が男子の脳に刷り込まれれば、「料理」は「愛の対話」の一環になる。将来、愛するひとに振る舞いたくなるだろう。くたくたの身体と心に、しみいるような手料理。極上のエスコートである。

最強のエスコート

さて、ことばのエスコート、所作のエスコート、料理のエスコート、と並べてきたけれど、実は、最強のエスコートは別にある。

柔和な表情である。

表情は、人の気持ちを瞬時に変える。

柔和な表情をもらった人は、柔和な気持ちになる。

表情は、大切なひとの「心」を支える、最強のエスコートなのだ。

私たちの脳の中には、「目の前の人の表情や所作を、鏡に映すように、直接神経系に移し取る」機能がある。ミラーニューロン（鏡の脳細胞）と呼ばれる細胞によってもたらされる能力だ。

赤ちゃんは、このミラーニューロンをふんだんに持っていて、目の前の人の口角筋の動きを、自分のそれになぞらえるようにして、ことばを獲得していく。

生後3時間でも、この機能は確認できる。新生児の共鳴動作実験というのがある。赤ちゃんの目の前に顔を近づけて、根気よく舌を出し入れすると、赤ちゃんが真似するのである（気が向かない赤ちゃんもいるので、我が子がやらないからと言って心配しないでください）。

生まれて3時間の赤ちゃんでも、目の前のピンクの物体が自分の身体のどこに当たっていて、どうすれば同じことができるかわかるのだ……！　当然、思考の末に行った動作ではなく、ミラーニューロンの共鳴反応である。

この機能を使って、笑えば笑いかえし、手をふればふりかえす。やがて、母のことばがけに誘われて、ことばをしゃべり始める。

母であることの特別

誰の表情筋にも反応するが、母親のそれには、ことさら強く反応する。

なぜならば、赤ちゃんは、お腹の中で、母親の筋肉の動きをつぶさに感じて10か月を過ごすからだ。母親が微笑めば、表情筋に連動して、腹筋や横隔膜も柔らかく動く。ことばの発音はもっと劇的だ。肺のふくらみ、横隔膜の上下、腹筋の緊張。そして腹腔に響く声。

だから、生まれてきてからも、母親の表情やことばに、強く共鳴反応を示すのである。こと育児に関しては、父親と母親はイーブンじゃない。母親に圧倒的なアドバンテージがある。

あるとき、私の講演のあとに、控室を尋ねてきてくれた男性がいた。

50代と思しきその方は、高校の校長先生だった。「私は、3人の子どもを男手一つで育てました」と語り始めた。末っ子のお産で、妻がなくなったので、と。

「その母親を知らない末っ子が、不思議なことに、妻と同じしゃべり方をするのです。妻は〝ありがとう〟の多い女で、よく、それを言ってくれました。末っ子は、妻と同じタイミングで、同じ口調で〝ありがとう〟を言う。
母親を知らないのに、と、ずっと不思議でしたが、今日、その理由がわかりました。あの子は、母親を知らなかったんじゃない。10か月も、彼女の中で、彼女を感じていたんだなと。あの子は、母親に会ってたんですね」

母親のことばと表情は、だから、誰よりも、子どもに責任がある。
母になったら、ことばと表情は、感情のままに垂れ流してはいけない。

学校から帰ってきた子を、穏やかな表情で迎えていますか？（働く母なら、自分が帰ったときに）
「情緒が安定していて、好奇心ややる気に溢れた、楽し気な表情」で迎えられた子は、その表情を自分の顔に移し取ってしまう。そして、表情通りの気持ちになってしまう。
表情とは面白いもので、出力でもあり、入力でもある。つまり、嬉しいから嬉しい表情になるわけだが、嬉しい表情をすると、脳内では、嬉しいときの神経信号が誘発されるのだ。

「不満そうに愚痴を垂れ流す、暗い表情」や「イライラして、キレかかっている表情」で迎えられた子も、その表情通りの気持ちになってしまう。

家が、天国にも地獄にも変わる。

母の表情ひとつで。

世界のはじまり

そりゃ、母親にだって、つらいときはある。イライラして、キレかかっていることなんか、誰だって日常茶飯事。

母親に喜怒哀楽があること自体は、大事なことだ。怒りや悲しみでしか、子どもを導けないこともある。子の脳は、喜怒哀楽の落差で、感性の地図を書く。だから、「怒らない、ただ優しいだけのお母さん」は、それはそれでヤバいのだ。子どもの感性が欠落してしまうからね。

しかし、「いってらっしゃい」と「おかえりなさい」だけは、安定した柔和な顔でいてあげてほしい。

空間認知力が高い男性脳は、「点」をつなげて「線」や「面」に変える癖がある。日に二回の「定番の優しい表情」さえあれば、途中がどうでも、「優しい母」だと思い込めるのである。「家に優しい母がいる」と思えば、外での多少の苦難にも耐えられる。はるか遠い未来、「母は本当に優しい人だったなぁ」と思い出すことになる。

そして、母の柔和な笑顔が、息子の柔和な表情を育てる。それこそが、男の最強のエスコート力である。


人生を変える表情もまた、男たちは母からもらう。

母であることの責務。一日二回、女優になること。


「近く」を見ないで、それを母親に丸投げにして育つ男性脳。

母親を座標軸原点にして、世界観を広げていく男性脳。

息子の脳にとって、母は「世界のはじまり」、創造の女神なのである。

いくつの息子にとっても、その立ち位置は不動である。世間の評価がどんなに高くても、母親に認められてやっとほっとするおとなの男たちも少なくない。

だから、母である人には、幸せであってほしい。自分を肯定していてもらいたい。

この本では、耳の痛いことをたくさん言ったけど、イヤなことは全部気にしなくていい。

いいと思ったことだけ、心に残してくれたら十分だ。

だって、母である人の人生を1ミリも否定したくないから。

母が人生を謳歌《おうか》していれば、息子はそれなりに魅力的に育つ。大丈夫、大丈夫。

おわりに

息子を産んだ晩、私は短い夢を見た。

私の枕元に、60がらみの息子が立って、「ひたすら、愛してくれたよなぁ」とつぶやく夢だった。

なんだか妙にリアルで、息子の温かい息が、たしかに、おでこに触れた気がした。私は、ほんの一瞬、時を超えて、自分の「人生卒業」の瞬間に触れたのかもしれない。


こりゃ、いいなぁ、と私は思った。

息子に、「ひたすら愛してくれた」という記憶を残して逝くなんて。

息子の温かい息に見送られて、旅立つなんて。

最期があんな安寧な思いに包まれているのなら、人生は、何も怖くない。

私の子育てのゴールはここだな、と思った。

息子を初めてかいなに抱いてから、8時間目のことである。

人工知能エンジニアとして、生まれたての人工知能と付き合う日々の中で、私は「人間の子」に出逢った。

「人間の子」が見せる鮮烈な個性は、私を心底驚かせた。人工知能には到底かなわない、いのちの輝き……！

母としての実感と直感が、私に、他の人工知能開発者とは違う道を拓《ひら》いてくれた。そのおかげで、こうして本を書ける幸せが今ここにある。

息子の母になったことは、私の人生で最大の恩恵であった。

夢と言えば、もう一つある。

あるとき、神様が夢枕に立って、こう言ったのだ。「おまえにノーベル賞をやろう」

おおお！　である。当時は、「脳の周期性が作り出すトレンドサイクル」の研究をしていたので、もらうならノーベル経済学賞であろう。経済学賞も日本女性の受賞も初。となれば、本も売れるだろうな、ふふふ。そうだ、授賞式の英語のスピーチを練習しなくちゃ。授賞式はやっぱり和服かしら。

と、舞い上がっている私に、「ただし」と神さまがくぎを刺した。「子育ての記憶と引き換えに」。

不思議な条件があったものだ。息子と引き換えに、とは言わなかった。〝子育ての記憶〟と引き換えに？

私の脳裏に、幼い日の息子の姿がよみがえった。保育園に迎えに行くと、私を見つけて満面の笑みを浮かべ、転がるようにして（ときには本当に転んで一回転しながら）、私の腕に飛び込んできた彼。

私は、泣きながら「待って！」と叫んでいた。「ノーベル賞なんていらない！」。

自分の声で、目が覚めた。心臓がバクバクいっていた。私は、息子の部屋に小走りで駆けていき、部活疲れでぐっすり眠る彼の寝顔を眺めながら、「手の甲を合わせた4歳の彼」を思い出せるのを確かめた。

あの甘やかな子育ての記憶と引き換えになんて、どんな富も名誉も要らない。1秒も1

ミリも迷わない。

この話をすると、母である人たちは、皆、口を揃えて賛同してくれる。誰も、1秒も1ミリも迷わない。

ノーベル賞なんて、母親にとっては、それくらいのもんである。

思い知れ、母の愛、である。

(まぁ、もらえもしないのに、不遜な口をきいて、申し訳ないのだけど)


息子の母である人に、「男性脳」育てを楽しんでほしい。

母の息子である人に、母の愛を知っておいてほしい。

そう思って、書き始めた一冊である。

——どうでしたか?


ここまでの研究知見を余すところなくこの本に結集できたのは、私の既刊本を熟読し、的確なサジェスチョンをくださった扶桑社の赤地則人氏のおかげ。赤地氏自身の「母を思う気持ち」にも触発された。赤地氏とそのお母様に、心からの感謝を捧げます。

息子の母であること。その特別な輝きを、「男女脳のミゾ」で曇らせたり、ストレスにしないように。

今、かいなに抱いている〝小さな恋人〟と、永遠に、優しい会話ができるように。

すべての母たちが、今日も満ち足りていますように。


2020年9月、およめちゃんの誕生日の朝に

黒川伊保子

黒川伊保子（くろかわ いほこ）
脳科学・人工知能（ＡＩ）研究者。1959年、長野県生まれ。奈良女子大学理学部物理学科卒業後、コンピュータ・メーカーにてＡＩ開発に従事。2003年より（株）感性リサーチ代表取締役社長。語感の数値化に成功し、大塚製薬「SoyJoy」など、多くの商品名の感性分析を行う。また男女の脳の「とっさの使い方」の違いを発見し、その研究成果を元にベストセラー『妻のトリセツ』『夫のトリセツ』（共に講談社）、『娘のトリセツ』（小学館）を発表。他に『母脳』『英雄の書』（ポプラ社）、『恋愛脳』『成熟脳』『家族脳』（いずれも新潮文庫）などの著書がある。

装幀：小栗山雄司

扶桑社新書 352

息子のトリセツ

発行日 2020年11月1日　初版第1刷発行
　　　 2024年6月10日　　 第9刷発行

著　　者………黒川伊保子
発 行 者………小池英彦
発 行 所………株式会社 扶桑社
〒105-8070
東京都港区海岸1-2-20 汐留ビルディング
電話 03-5843-8842（編集）
　　 03-5843-8143（メールセンター）
www.fusosha.co.jp

ＤＴＰ制作………Vanille 菊谷悦子
印刷・製本………株式会社広済堂ネクスト

Printed in Japan　ISBN 978-4-594-08649-7